시튼 동물기 5

시튼 동물기

5

어니스트 톰프슨 시튼 지음
햇살과나무꾼 옮김

논장

시튼 동물기 5

개정판 2쇄 2021년 8월 25일 | 개정판 1쇄 2019년 4월 18일 | 초판 1쇄 2000년 1월 20일
지은이 어니스트 톰프슨 시튼 | 옮긴이 햇살과나무꾼
펴낸이 박강희 | 펴낸곳 도서출판 논장 | 등록 제10-172호·1987년 12월 18일
주소 10881 경기도 파주시 회동길 329 | 전화 031-955-9164 | 팩스 031-955-9167
제조국명 대한민국 | 사용연령 8세 이상
주의사항 종이에 베이거나 긁히지 않도록 조심하세요.
ISBN 978-89-8414-346-3 74840
ISBN 978-89-8414-341-8 (전 5권)

ⓒ 논장 2019

• 잘못 만들어진 책은 구입하신 서점에서 바꾸어 드립니다.
• 책값은 뒤표지에 있습니다.

이 도서의 국립중앙도서관 출판예정도서목록(CIP)은 서지정보유통지원시스템 홈페이지(http://seoji.nl.go.kr)와
국가자료공동목록시스템(http://www.nl.go.kr/kolisnet)에서 이용하실 수 있습니다.(CIP제어번호:CIP2019008431)

"내가 독자들에게 바라는 것은
성서만큼이나 오래된 교훈, 즉
우리 인간과 동물은 친척이라는 점이다.
인간이 가지고 있는 것이라면 동물도 조금은 가지고 있으며,
동물이 가지고 있는 것은
인간들도 어느 정도 가지고 있다."

일러두기

- 이 책은 원작《Wild Animals I have Known》에서〈Wully：The Story of a Yaller Dog〉,
〈Redruff：The Story of the Don Valley Partridge〉를,
《Animal Heroes》에서〈The Slum Cat〉을 우리말로 옮겼습니다.
- 동식물의 이름은 두산백과사전 두피디아와 브리태니커 백과사전 등을 바탕으로 하고 한국어명이 정확하지 않은 경우 학명과 해당 종의 특성을 참고해 실용적 표기를 따랐습니다.
- 외국 지명과 인명 등은 국립국어원 외래어표기법을 따르되 관용적인 표기와 동떨어진 경우 절충하여 관례를 따랐습니다.
- 국립국어원에서 정한, 저자 Ernest Evan Thompson Seton의 표기는 '어니스트 에번 톰프슨 시턴' 입니다. 이 책에서는 통상적으로 널리 쓰는 '시튼'으로 표기했습니다.

차례

충직한 양치기 개 울리
9

빈민가의 길고양이
41

목도리들꿩 레드러프의 비극
109

옮긴이의 말
시튼의 삶과 문학·수록 작품 해설
168

시튼의 생애
180

WULLY
The Story of a Yaller Dog
충직한 양치기 개 울리

울리는 누런 앨러종 강아지였다. 사실 앨러 개와 누런 개는 똑같지 않다.* 앨러 개는 단순히 털빛이 누런 갯과 동물이 아니다. 앨러 개는 잡종 개 중의 잡종 개로, 모든 개 품종의 최소 공배수 같은 개라고 할 수 있다. 모든 혈통이 한데 뒤섞여 있으므로 혈통이 없다고도 볼 수 있다. 이렇듯 혈통이 없기는 하지만, 한편으로는 어떤 귀족 친척들보다 오래되고 훌륭한 혈통을 이어받았다. 자연이 모든 개의 조상인 고대의 자칼을 되살리려다 탄생시킨 작품이 바로 앨러 개이기 때문이다.

실제로 황금자칼의 학명인 카니스 아우레우스는 '누런 개'라는 뜻으로, 자칼의 적잖은 특징이 이 길들여진 후손한테서도 나타난다. 이 보잘것없는 잡종 개는 영리하고 튼튼

---

* '앨러'는 황색을 뜻하는 '옐로'가 변한 말이다.

하고 활동적이며, '순종 혈통'의 어떤 친척들보다 생존 투쟁에 강했다.

무인도에다 앨러 개와 그레이하운드와 불도그를 버렸을 때, 여섯 달 뒤에도 쌩쌩하게 살아남는 개는 어느 쪽일까? 물론 의심할 여지도 없이 천덕꾸러기 누런 잡종 개이다. 앨러 개는 그레이하운드만큼 빠르지 않지만 폐병이나 피부병에 걸리지 않는다. 불도그만 한 힘과 무모한 용기는 없지만 그보다 천 배는 가치 있는 무기, 즉 상식을 갖고 있다. 튼튼한 몸과 재빠른 눈치는 생존 투쟁에서 결코 하찮은 자질이 아니다. 사람이 개들의 세계를 '관리'하지 않는다면, 누런 잡종 개야말로 유일한 생존자의 자리를 당당히 차지할 것이다.

이따금 자칼의 특징을 고스란히 물려받은 앨러 개가 태어나기도 하는데, 그런 개의 귀는 쫑긋하고 뾰족하다. 그런

이 세 마리 개를 무인도에 버린다면…….

개를 보면 조심해야 한다. 그놈은 교활하고, 힘이 넘치며, 늑대처럼 사납게 물어뜯는다. 게다가 아주 묘한 야성적인 기질이 있다. 물론 사람한테 사랑받을 만한 좋은 특성도 지니고 있지만, 학대를 받거나 오랫동안 불행을 겪으면 그 야성이 무시무시한 배신으로 치달아 죽음을 부를 수도 있는 것이다.

1

 울리는 체비엇*에서 태어났다. 한배에서 난 새끼들 중에서 울리와 다른 한 형제만 사람들 손에 길러졌다. 울리의 형제는 그 부근에서 가장 훌륭한 개를 닮았기 때문이고, 울리는 예뻤기 때문이다.

 울리는 어렸을 때부터 양치기 개로 살면서 선배 개로 많은 경험을 쌓아 온 콜리종 개와 그 개보다 별로 똑똑할 것도 없는 늙은 양치기와 함께 지냈다. 두 살이 되자 울리는 완전히 자라서 양치기 개로서 필요한 모든 것을 익혔다. 숫양의 뿔에서 어린양의 발굽에 이르기까지 모르는 게 없었다.

---

* 영국 잉글랜드와 스코틀랜드의 경계에 있는 구릉 지대. 양털 생산지로 유명하다.

울리의 주인인 로빈 영감은 영리한 울리를 얼마나 신뢰했던지, 울리가 언덕에서 털북숭이 멍청이들을 지키는 동안 밤새도록 술집에 죽치고 있곤 했다.

울리는 훌륭한 교육을 받았고, 어느 모로 보나 촉망받는 똑똑한 개였다. 울리는 결코 자신의 어리석은 주인을 깔보지 않았다. 양치기 주인 영감은 항상 술에 절어 있었고 갈수록 기억력이 나빠지는 등 결점이 많았지만, 울리를 못살게 굴지는 않았다. 그 보답으로 울리는 늙은 양치기에게 그 지역에서 가장 현명하고 훌륭한 인물조차 과분해할 만한 존경심을 바쳤다.

울리는 로빈 영감보다 위대한 존재는 상상도 할 수 없었을 것이다. 하지만 로빈 영감은 일주일에 5실링이라는 돈 때문에 시시한 가축 상인에게 몸과 마음을 다 바쳐 일해야 했다. 울리가 돌보는 양 떼도 그 가축 상인의 것이었다. 주변의 땅 주인들과 비교해서 정말로 별 볼 일 없는 이 상인이 어느 날 로빈 영감에게 양 떼를 쉬엄쉬엄 몰면서 요크셔 황야를 거쳐 가축 시장으로 가라고 명령했을 때, 멍청한 양 374마리와 한 사람 틈에서 오직 울리만이 흥미를 느끼고 들떠 있었다.

노섬벌랜드를 여행하는 동안에는 아무 일 없이 순조로웠다. 양들은 타인강에서 연락선을 타고 시커먼 연기에 그을

린 사우스실즈에서 무사히 내렸다. 그곳은 막 하루 일을 시작한 거대한 공장 굴뚝들에서 뿜어져 나오는 탁한 잿빛 연기로 짙은 안개가 낀 듯했다. 연기는 먹구름처럼 하늘을 검게 물들이며 거리를 짓눌렀다. 그 잿빛 연기를 본 양들은 사나운 폭풍이 몰려오는 것이라고 착각했다. 겁에 질린 양 374마리는 양치기들을 버려두고 순식간에 뿔뿔이 흩어져 버렸다.

안 그래도 기가 약한 로빈 영감은 몹시 속이 상했다. 로빈 영감은 한동안 양들의 뒷모습을 멍청하게 바라보다가, "울리, 저놈들을 데려와." 하고 명령했다. 영감은 그렇게 어렵사리 결정을 내리고 나서 담뱃대를 물고 불을 붙인 다음, 뜨개질감을 꺼내 반쯤 뜨다 만 양말을 뜨기 시작했다.

울리에게 로빈 영감의 명령은 곧 하느님의 명령이었다. 울리는 저마다 다른 방향으로 뿔뿔이 흩어진 양 374마리를

끌어모아, 멍하니 지켜보고 있던 로빈 영감이 양말의 발가락 부분을 다 뜨기도 전에 연락선 창고 안으로 양들을 몰아넣었다.

마침내 울리가 양 떼를 모두 모았다는 신호를 보냈다. 늙은 양치기는 양을 세었다. 370, 371, 372, 373.

양치기가 울리를 꾸짖었다.

"울리, 한 마리가 모자라잖아. 한 마리는 어쨌어?"

울리는 몹시 부끄러운 듯 곧장 뛰어나가 잃어버린 양 한 마리를 찾아 온 도시를 뒤졌다.

울리가 간 지 얼마 지나지 않아 웬 사내아이가 로빈 영감에게 양은 다 있다고, 모두 374마리라고 가르쳐 주었다. 로빈 영감은 그만 난처해졌다. 상인이 명령한 대로 따르려면 한시바삐 요크셔로 가야 했지만, 자존심이 강한 울리는 양을 훔칠망정 빈손으로 돌아오지는 않을 것이다. 예전에도 그런 일 때문에 골머리를 앓은 적이 있었다.

이제 어떡한담? 일주일에 5실링이 걸려 있다. 울리같이 훌륭한 개를 잃는 것은 아깝지만 주인의 명령을 어길 수는 없었다. 게다가 울리가 수를 채우려고 또다시 양을 훔친다면 이 낯선 타향에서 어떻게 수습한단 말인가?

로빈 영감은 울리를 버리기로 결심하고 혼자서 양 떼를 몰고 가 버렸다. 그가 어떻게 목적지에 갔는지는 아무도 모르고, 또 알 필요도 없다.

한편 울리는 잃어버린 양을 찾아 거리를 몇 킬로미터나 헛되이 뛰어다녔다. 하루 종일 양을 찾아다니다가 밤이 되자, 지치고 굶주린 울리는 수치심을 무릅쓰고 슬그머니 나루터로 돌아왔다. 하지만 주인과 양 떼는 온데간데없었다.

울리가 슬퍼하는 모습은 애처롭기 그지없었다. 울리는 낑낑거리며 뛰어다니다가 연락선을 타고 강을 건너가 사방으로 로빈 영감을 찾아다녔다. 그러고는 다시 사우스실즈로 돌아와 밤새도록 자신의 비겁한 주인을 찾아 헤맸다.

이튿날에도 울리는 애타게 주인을 찾아다녔고, 강도 여러 번 건넜다. 울리는 사람이 다가오면 반드시 찬찬히 살펴보다가 냄새를 맡았고, 영리하게도 근처 술집까지 뒤졌다. 그러다가 이튿날부터는 나루터를 건너는 모든 사람들의 냄새를

맡을 셈으로 치밀하게 움직였다.

 연락선은 한 번에 보통 백 명씩 태우고 하루에 50번을 왕복했다. 울리는 한 번도 거르지 않고 배와 나루터 사이에 걸쳐 놓은 배다리 위에 서서 배에서 내리는 사람들의 다리에 일일이 코를 대고 킁킁거렸다. 그날 울리는 통틀어 1만 개, 그러니까 5천 쌍의 다리를 검사했다. 이튿날도, 그 이튿날도 울리는 끼니도 잊은 채 나루터만 지켰다. 그렇게 일주일이 지나자, 울리는 굶주림과 걱정에 지쳐 몸과 마음이 거칠어지기 시작했다. 아무도 울리를 건드릴 수 없었을 뿐 아니라 조금이라도 다리 냄새를 맡지 못하게 하면 막무가내로 화를 냈다.

 하루 이틀이 지나고, 한 주, 두 주가 지나도록 울리는 돌아오지 않는 주인을 기다리며 그 자리를 지켰다. 나루터지기들도 울리의 충성심을 존경하게 되었다.

 처음에 울리는 사람들이 마련해 준 먹을 것과 쉴 곳을 거

들떠보지도 않았고, 누구도 울리가 어떻게 먹고 자는지 알지 못했다. 하지만 결국 굶주림에 지친 울리는 마지못해 사람들의 선물을 받아들였고, 먹을 것을 주는 사람들을 묵묵히 받아들일 줄도 알게 되었다. 울리는 세상을 몹시 노여워하면서도 자격도 없는 주인을 향한 충성심만은 여전히 간직하고 있었다.

내가 울리를 알게 된 것은 그로부터 14개월 뒤였다. 울리는 여전히 자기 자리에서 임무를 다하고 있었다. 예전의 잘생긴 모습도 되찾았고, 하얀 목털과 쫑긋한 귀 때문에 총명하고 멋진 얼굴이 더욱 돋보여 어디서나 눈길을 끌었다.

울리는 내 다리가 자기가 찾는 다리가 아닌 줄 안 다음부터 다시는 나를 거들떠보지 않았다. 그 뒤 열 달 동안 내가 아무리 다정하게 굴어도 울리는 제 할 일만 할 뿐 다른 사람과 마찬가지로 나한테도 마음을 열지 않았다.

이 헌신적인 동물은 꼬박 2년 동안 나루터를 지켰다. 울리가 고향으로 돌아가지 않는 것은 집이 멀거나 길을 잃을까 봐 두려워서가 아니었다. 울리는 자기가 나루터에 머무르는 것이 거룩한 로빈 영감의 뜻이라고 믿었다. 그래서 나루터를 떠나지 않았던 것이다.

하지만 울리는 주인을 찾는 데 도움이 된다 싶으면 이따금 강을 건너기도 했다. 개 한 마리의 뱃삯이 1페니였으니까, 울리가 더 이상 주인을 찾지 않게 될 때까지 빚진 뱃삯만 해도 몇백 파운드에 달했다.

울리는 배다리를 건너는 사람들의 다리는 하나도 빠짐없이 조사했다. 계산해 보니까 총 6백만 개의 다리가 이 전문가에게 검사를 받았다. 하지만 모두 헛수고였다. 울리의 충성심은 결코 흔들리지 않았지만, 오랫동안 긴장된 생활을 한 탓에 성격이 점점 삐뚤어졌다.

로빈 영감의 소식은 전혀 들리지 않았다. 그러던 어느 날, 건장한 가축 상인이 배다리를 성큼성큼 건너왔다. 무의식적으로 새로운 사람을 조사하던 울리는 화들짝 놀라 목털을 곤두세우고 부들부들 떨면서 나지막이 으르렁거렸다. 그러고는 온몸의 감각을 곤두세우고 가축 상인을 조사했다.

영문을 모르는 나루터지기 한 사람이 가축 상인에게 큰

소리로 말했다.

"여보쇼, 당신 때문에 우리 개가 다치겠소."

"누가 다치게 한다는 거야, 이 얼간아. 저 개가 날 해치려고 하잖아."

하지만 더 이상 설명이 필요 없었다. 울리의 태도가 싹 변한 것이다. 울리는 그 가축 상인한테 아양을 떨며, 몇 년 만에 처음으로 세차게 꼬리를 흔들었다.

몇 마디 말로 모든 것이 분명하게 밝혀졌다. 가축 상인 돌리는 로빈 영감과 친한 사이로 그가 끼고 있던 장갑과 두르고 있던 목도리도 영감이 손수 떠서 쓰던 것이었다. 도저히 자신의 주인을 만날 수 없다며 절망에 빠져 있을 때, 울

리는 그리운 주인의 냄새를 맡은 것이다. 이윽고 울리는 나루터를 등지고 그 장갑의 주인을 따라가겠다고 나섰다. 돌리는 뛸 듯이 기뻐하며 더비셔의 구릉 지대에 있는 자기 집으로 울리를 데려갔고, 울리는 거기서 다시 양 떼를 지키게 되었다.

몬살데일은 더비셔에서 가장 이름 높은 골짜기 가운데 하나이고, '피그 앤 휘슬'은 그 몬살데일에서 단 하나뿐인 유명한 여인숙이었다. 여인숙 주인 조 그레이토렉스는 똑똑하고 건장한 요크셔 사람으로 개척자적인 천성을 타고났지만, 형편에 떠밀려 여인숙 주인이 되었다. 하지만 타고난 천성 탓일까…… 아무튼 당시 그 지역에서는 밀렵이

흔했다.

　울리의 새 보금자리는 여인숙 위의 골짜기 동쪽에 펼쳐진 고원이었다. 내가 몬살데일로 간 것도 어느 정도는 울리 때문이었다.

　울리의 주인 돌리는 지대가 낮은 곳에서 농사를 조금 지으면서 황무지에서 양을 쳤다. 울리는 그 많은 양을 예전처럼 지혜롭게 지켰다. 양들이 풀을 뜯는 모습을 지켜보다가 밤이 되면 양들을 몰고 우리로 내려왔다. 울리는 개치고는 생각이 많고 속내를 쉽게 드러내지 않았고, 낯선 이한테는 곧잘 으르렁댔다. 하지만 잠시도 한눈을 팔지 않고 양 떼를 지켰고, 그 덕분에 예전과 다름없이 독수리나 여우한테 양을 잃은 이웃 농부들과 달리 그해 돌리는 양을 한 마리도 잃지 않았다.

　몬살데일 같은 골짜기는 여우 사냥터로는 적당하지 않았다. 바위투성이 산등성이와 높은 암벽과 절벽이 곳곳에 솟아 있어 말을 타기가 힘든 데다 몸을 숨길 만한 바위틈이 많아서 여우들이 날뛰지 않는 게 오히려 신기할 정도였다.

　아무튼 여우는 많지 않았고, 사람들은 별 불만이 없었다. 1881년에 교활한 늙은 여우가 나타나기 전까지는 말이다. 이 여우는 치즈 속에 들어간 생쥐처럼 기름진 땅에 터를 잡고 사냥꾼의 사냥개와 농부의 잡종 개를 비웃어 댔다.

다시 양 떼를 지키게 된 울리.

여우는 피크* 사냥개들한테 서너 번 쫓기기도 했지만, 그때마다 '악마의 구멍'으로 숨어들었다. 좁은 바위틈이 끝없이 이어지는 이 협곡으로 일단 들어서기만 하면 거의 안전했기 때문이다.

사람들은 여우가 항상 악마의 구멍으로 도망치는 것이 단순한 우연은 아니라는 사실을 깨닫기 시작했다. 게다가 그 여우를 잡을 뻔했던 한 사냥개가 얼마 안 가서 미쳐 버리자, 다들 그 여우가 악마의 자식이라고 굳게 믿었다.

여우는 거침없이 가축을 덮치고 아슬아슬하게 도망치면서 약탈을 일삼았고, 마침내 대개의 늙은 여우들이 그렇듯 살생에 재미를 붙여 미친 듯이 가축을 물어 죽였다. 딕비는 하룻밤 사이 새끼 양 열 마리를 잃었고, 이튿날 밤에는 캐롤이 새끼 양 일곱 마리를 잃었다. 그 뒤로 목사관의 오리

---

* 더비셔 북부의 산지.

연못에서는 오리가 모조리 사라졌고, 누구네 닭이나 오리, 양, 심지어 송아지까지 밤새 몰살당했다는 소식이 하루도 끊이지 않았다.

물론 사람들은 그 모든 일이 악마의 구멍에 사는 여우 짓이라고 생각했다. 하지만 그 여우에 대해서는 발자국 크기로 보아 덩치가 매우 크다는 점 말고는 아무것도 알아낸 것이 없었다. 사냥꾼들조차 그 여우를 똑똑히 본 적이 없었고, 심지어 사냥개들 중에서 가장 믿음직스러운 선더와 벨까지 그 여우를 보고도 짖기는커녕 냄새를 쫓아가려고도 하지 않았다.

미치광이 여우가 위세를 떨치자, 피크 사냥개들의 주인은 그 지역으로는 얼씬도 하지 않았다. 조는 눈이 오면 몬살데일의 농부들을 모두 이끌고 그 일대를 샅샅이 뒤지기로 했다. 사냥 규칙 따위는 완전히 무시하고 무슨 수를 써서라도 그 '미친' 여우를 없애기로 한 것이다.

하지만 눈은 오지 않았고, 붉은 털의 여우는 여전히 미치광이처럼 살아갔다. 이 여우는 미치긴 했어도 여간내기가 아니었다. 절대로 같은 농장에 이틀 밤 연달아 나타나지 않는 것은 물론이고 가축을 죽인 그 자리에서는 결코 먹지 않았고, 도망칠 때는 흔적을 남기지 않았다. 녀석이 밤새 돌아다닌 발자국은 대개 풀밭이나 사람이 많이 다니는 간선

도로에서 끊겼다.

나는 그 여우를 딱 한 번 보았다. 비바람이 사납게 몰아치던 어느 날, 밤늦게 베이크웰에서 몬살데일로 걸어가던 중이었다. 내가 스테드네 양 우리의 모퉁이를 도는 순간 번갯불이 번쩍했다. 그리고 그 불빛 사이로 놀라운 광경이 보였다.

20미터쯤 떨어진 길가에 거대한 여우 한 마리가 엉덩이를 깔고 앉아 악의에 찬 눈길로 나를 노려보며 뭔가 깊은 의미가 담긴 표정으로 주둥이를 핥고 있는 것이 아닌가.

내가 본 것은 그것이 전부였다. 그 뒤로 아무 일도 없었다면 아마도 나는 헛것을 보았다고 생각했거나 그냥 잊어버렸을 것이다. 하지만 이튿날 아침 바로 그 우리의 양 스물세 마리가 죽은 채로 발견되었고, 저 악명 높은 약탈자의 짓임이 분명한 증거들이 잇따라 드러났다.

 그 여우에게 피해를 입지 않은 사람은 돌리뿐이었다. 돌리가 사는 곳은 피해를 입은 지역의 한복판일 뿐 아니라, 악마의 구멍에서 불과 1킬로미터밖에 떨어져 있지 않았기 때문에 더욱 놀라운 일이 아닐 수 없었다.

 충직한 울리는 근처의 개들을 몽땅 준다고 해도 바꾸지 않을 만한 가치가 있었다. 밤마다 울리는 양들을 한 마리도 잃어버리지 않고 무사히 데리고 돌아왔다. 미친 여우는 언제든 돌리네 농장 주위를 어슬렁거릴 수 있었겠지만, 용감하고 영리하며 활동적인 울리는 미친 여우보다 한 수 위였다. 울리는 주인의 양 떼를 구했을 뿐 아니라 자신도 털끝 하나 다치지 않고 지냈으니까.

 모두들 울리한테 깊은 존경심을 품었다. 울리가 성격만 좋았다면 인기가 아주 좋았을 것이다. 하지만 원래부터 상냥하지 않았던 울리는 점점 더 괴팍해졌다. 그래도 돌리와 돌리의 맏딸인 헐다는 잘 따르는 것 같았다. 헐다는 눈치가 빠르고 아름다운 아가씨로, 집안 살림을 도맡으면서 울리를 끔찍하게 보살펴 주었다. 울리는 주인집 사람들과는 그럭저럭 지내게 되었지만, 그 외의 모든 사람과 개들한테는 여전히 증오를 품고 있는 듯했다.

 울리의 괴상한 성격은 내가 울리를 마지막으로 만난 때를 보면 잘 알 수 있다. 나는 돌리네 집 뒤편 황무지를 걷고 있었다. 울리는 문가에 엎드려 있었다. 내가 가까이 가자 울리는 일어서서 나를 본체만체하며 내가 가려는 방향으로 뛰어가더니 10미터 앞에 떡하니 버티고 섰다.

울리는 묵묵히 먼 황야만 바라보고 서 있었다. 목털이 약간 곤두서 있지 않았다면 나는 울리가 갑자기 돌로 변했다고 착각했을 것이다. 울리는 내가 다가가도 꼼짝도 하지 않았다. 나는 울리와 싸우고 싶지 않아서 울리의 곁을 돌아 걸어갔다. 그러자 울리는 또다시 섬뜩하리만치 소리 없이 6미터쯤 달려오더니 다시 내 앞을 가로막았다. 나는 다시 길옆의 풀밭으로 비키려다가 그만 울리의 코를 살짝 스치고 말았다.

그 순간 울리가 소리 없이 내 왼쪽 발꿈치를 덥석 물었다. 나도 오른발로 냅다 걷어찼다. 녀석은 잽싸게 피했다. 나는 막대기가 없어서 다시 큼직한 돌멩이를 울리한테 던졌다.

울리는 앞으로 뛰어가다가 넓적다리에 돌멩이를 맞고는 도랑으로 굴러떨어졌다. 울리는 딱 한 번 무섭게 으르렁거리고는 이내 도랑에서 기어 나와 절룩거리며 그 자리를 떠났다.

울리는 세상 모든 것을 못마땅하게 여기고 사납게 굴었지만, 돌리의 양들한테는 언제나 다정했다. 울리는 양들을 수도 없이 구해 주었다. 연못이나 구덩이에 빠진 가엾은 새끼 양들은 현명한 울리가 제때에 구해 주지 않았다면 살아남지 못했을 것이다. 울리는 뒤로 넘어져서 일어나지 못하는 암양들도 바로 세워 주었고, 날카로운 눈으로 거친 들판을 감시하다가 독수리들이 나타나면 용맹하게 물리치기도 했다.

3

몬살데일의 농부들이 밤마다 그 미친 여우에게 공물을 바치던 12월 말, 드디어 눈이 내렸다. 가난한 과부 겔트가 양 스무 마리를 몽땅 잃은 이 튿날, 분노한 농부들은 아침 일찍 여우를 찾아 나섰다. 건장한 농부들이 총을 들고 눈 위에 찍힌 발자국을 따라 끝까지 쫓아가기로 한 것이다. 그 발자국은 덩치 큰 여우의 것, 그러니까 그 흉악한 악당의 것이 분명했다. 발자국은 한동안 뚜렷이 이어졌다. 하지만 강에 이르자 여우는 여느 때처럼 꾀를 썼다. 멀리 돌아서 얼지 않은 여울 속으로 뛰어든 것이다.

여우 발자국은 강 건너편에서 사라졌다. 농부들은 한참 동안 헤매다가 강을 따라 400미터쯤 올라가서야 여우가 개울에서 나온 지점을 찾아냈다. 발자국은 헨리네 높은 돌담으로 이어졌는데,

거기에는 눈이 쌓여 있지 않아서 더 이상 발자국을 따라갈 수 없었다.

끈덕진 사냥꾼들은 포기하지 않았다. 돌담에서 매끈한 눈밭을 지나 도로로 이어진 발자국을 두고는 의견이 엇갈렸다. 몇몇 사람은 그 발자국이 도로 이쪽으로 갔다고 했고, 또 몇몇 사람은 저쪽으로 갔다고 했다.

조가 나서서 결정을 내리고, 다시 한동안 수색을 벌인 끝에 놈의 것으로 보이는 발자국을 발견했다. 비록 아까 본 발자국보다 조금 크다는 의견이 있기는 했지만, 그 발자국은 도로를 떠나 양 우리로 향했다. 그러고는 양 떼를 건드리지 않고 다시 우리에서 나와 사람의 발자국을 밟으며 황야로 난 길을 따라 곧장 돌리네 농장으로 간 듯했다.

그날은 눈이 왔기 때문에 양들은 우리에 남아 있었고, 울리는 양지바른 곳에 놓인 널빤지 위에 엎드려 있었다. 사냥꾼들이 집으로 다가오자 울리는 거칠게 으르렁대다가 슬그머니 양들이 있는 곳으로 갔다.

조는 울리가 갓 내린 눈 위를 지나간 곳으로 다가가 울리의 발자국을 흘긋 보더니, 깜짝 놀라서 말을 잃었다. 조는 뒤로 물러나던 양치기 개를 가리키며 힘주어 말했다.

"여보게들, 여우 발자국은 놓쳤네. 하지만 겔트 부인의 양을 죽인 놈은 찾아낸 것 같군."

　조의 말에 고개를 끄덕이는 사람도 있었고, 아무래도 미심쩍다면서 다른 곳을 추적하자는 사람도 있었다. 그때 돌리가 집에서 나왔다.

　조가 말했다.

　"자네 개가 어젯밤 겔트 부인의 양 스무 마리를 죽였네. 그리고 이런 일이 처음인 것 같지는 않아."

　"아니, 자네들 미친 거 아냐? 울리보다 더 훌륭한 양치기 개는 없어. 울리는 양들을 더없이 사랑한다고."

　그 말에 조는 이렇게 대꾸했다.

　"맞아! 지난밤에 울리가 한 짓을 보면 어느 정도인지 알 만하지."

　조의 일행이 아침에 있었던 일을 아무리 이야기해도 소용이 없었다. 돌리는 사람들이 자기를 시기해서 울리를 빼앗아 가려는 수작이라고 우겼다.

　"울리는 밤마다 부엌에서 잔단 말일세. 양들을 돌보러 나가기 전에는 밖에 나가지 않는다고. 우리 개는 1년 내내 양을 돌보면서 한 마리도 잃어버리지 않았잖나."

 돌리는 사람들이 울리의 명성과 삶을 송두리째 먹칠하려는 것 같아 화가 머리끝까지 치밀었다. 조와 농부들도 화가 나서 씩씩댔는데, 헐다가 현명하게도 사람들을 진정시킬 만한 의견을 내놓았다.

 "아버지, 제가 오늘 밤에 부엌에서 자면서 울리가 나가는지 안 나가는지 살펴볼게요. 울리가 나가지 않았는데 양이 죽었다면, 울리 짓이 아니라는 증거가 되잖아요."

 그날 밤 헐다는 긴 의자에서 잤고, 울리는 평소처럼 탁자 밑에서 잤다. 밤이 깊어 갈수록 울리는 안절부절못했다. 울리는 잠자리에서 몸을 뒤척이다가 두어 번 일어나 기지개를 켜고는 헐다를 쳐다보더니 도로 누웠다. 2시쯤 되자 울리는 뭔가 이상한 충동에 휩싸여 더 이상 참을 수 없는 듯했다.

 이윽고 울리는 조용히 일어나서 나지막한 창문을 바라보고는 다시 꼼짝도 않는 헐다를 바라보았다. 헐다는 쌕쌕거리며 잠든 척했다.

 울리는 살그머니 다가와서 냄새를 맡고 헐다의 얼굴에다 숨을 뿜었다. 그래도 헐다는 움직이지 않았다. 울리는 코끝으로 헐다를 쿡 찔러 보고는 뾰족한 귀를 앞으로 쫑긋 세우고 머리를 한쪽으로 기울인 채 헐다의 평온한 얼굴을 살펴

울리는 헐다의 평온한 얼굴을 살펴보았다.

보았다. 여전히 아무런 변화가 없었다.

 그러자 울리는 살금살금 창문으로 다가가 소리 없이 탁자 위로 올라가더니, 창틀 가로대 밑에 코를 놓고 가벼운 창틀을 살짝 들어 올린 다음 한 발을 끼웠다. 그러고는 발을 빼고 다시 코를 끼우고는 몸이 빠져나갈 만큼 천천히 창문을 들어 올렸다. 이윽고 울리의 엉덩이와 꼬리가 빠져나가자 창문이 다시 스르르 내려와 닫혔다. 울리의 행동은 익숙하기 그지없었다. 울리는 곧 어둠 속으로 사라졌다.

 깜짝 놀란 헐다는 의자에 누운 채 멍하니 지켜보았다. 헐다는 잠시 기다렸다가 울리가 정말로 밖으로 나간 것을 확인하고는 당장 아버지를 부르러 일어났다. 그러다가 한 번 더 생각해 보고는 좀 더 결정적인 증거를 잡을 때까지 기다리기로 마음먹었다.

 헐다는 어두운 바깥을 빤히 바라보았지만, 울리는 그림자도 보이지 않았다. 헐다는 벽난로에 장작을 던져 넣고 다시 누웠다. 말똥말똥한 정신으로 부엌 시계 소리에 귀를 기울이기를 한 시간째, 헐다는 긴장한 나머지 조그만 소리에도 깜짝깜짝 놀랐다. 지금쯤 울리는 무엇을 하고 있을까? 울리가 정말로 과부네 양들을 죽였을까?

 하지만 울리가 자기네 양들을 살뜰히 보살핀 것을 생각하자 헐다는 머릿속이 혼란스러웠다.

똑딱똑딱, 다시 한 시간이 더디게 흘렀다. 창가에서 바스락거리는 소리가 들렸다. 헐다는 가슴이 덜컥 내려앉는 것 같았다. 사각사각 창문을 긁는 소리에 이어 창문을 들어 올리는 소리가 들리더니 얼마 안 있어 울리가 창문을 닫고 부엌으로 돌아왔다.

깜박거리는 벽난로 불빛을 받아 사납게 번뜩이는 울리의 눈동자는 낯설기만 했고, 울리의 턱과 새하얀 가슴은 피범벅이 되어 있었다.

울리는 나지막이 헐떡이며 헐다를 찬찬히 살폈다. 헐다가 꼼짝도 않자, 울리는 자리에 앉아 발과 입가를 핥으며 방금 전의 일을 떠올리는 듯 한두 번 낮게 으르렁거렸다.

헐다는 똑똑히 보았다. 조의 말이 옳았다. 그 순간 헐다는 몬살데일의 그 무시무시한 여우가 바로 자기 눈앞에 있다는 사실을 깨달았다. 헐다는 일어나서 울리를 노려보며 소리쳤다.

"울리! 울리! 사실이었구나. 아, 울리, 이 못된 녀석!"

고요한 부엌에 헐다의 매서운 목소리가 울려 퍼지자, 울리는 움찔했다. 울리는 닫힌 창문 쪽을 절망적으로 휙 돌아보았다. 울리의 눈동자가 번득이고 목의 털이 곤두섰다. 그러나 헐다의 눈길에 기가 죽어 용서를 구하는 것처럼 몸을 낮추고 기어 왔다. 그렇게 헐다의 발이라도 핥으려는 듯 비굴하게 다가오더니, 헐다 바로 앞까지 오자 아무런 소리도 내지 않고 호랑이처럼 사납게 헐다의 목을 향해 덤벼들었다.

헐다는 뜻밖의 공격에 얼른 팔로 목을 가렸다. 울리의 길고 번뜩이는 송곳니가 헐다의 살을 파고들어 와 뼈에 부딪혔다.

헐다는 비명을 질렀다.

"살려 줘요! 살려 줘요! 아버지! 아버지!"

울리는 가벼웠기 때문에 헐다는 팔을 흔들어 울리를 잠시 떼어 낼 수 있었다. 하지만 울리가 노리는 것은 분명했다. 지금 헐다를 죽이지 않으면 자기가 죽는 것이다.

"아버지! 아버지!"

누런 털을 가진 사나운 짐승이 자신을 죽이려고 달려들자, 헐다는 비명을 질렀다. 울리는 무방비로 드러난 헐다의 맨손을, 자신에게 먹이를 주던 그 손을 물어뜯었다.

헐다는 울리를 떼어 내려고 버둥거렸지만 헛일이었다. 그러나 울리가 헐다의 목을 물려는 순간, 돌리가 뛰어들어 왔다.

울리는 여느 때처럼 섬뜩한 침묵 속에 돌리한테 달려들어 무자비하게 물어뜯었다. 그러다 끝내 땔감을 자를 때 쓰는 넓적한 낫에 세차게 얻어맞고 돌바닥에 나동그라졌다. 심한 상처를 입은 울리는 가쁜 숨을 몰아쉬며 몸부림치면서도 끝까지 반항했다.

돌리는 다시 한번 번개처럼 갈고리를 휘둘렀고, 울리가 그토록 오랫동안 충직하게 지켜 왔던 벽난로 가에 울리의 뇌수가 흩어졌다. 총명하고 사납고 믿음직하면서도 배반을 꿈꾸었던 울리는 한순간 부르르 떨더니 사지를 쭉 뻗고 다시는 움직이지 않았다.

The Slum Cat
빈민가의 길고양이

첫 번째 삶

1

"고오기요! 고오기!"

스크림퍼 골목에 날카로운 목소리가 울려 퍼졌다. 하멜른의 피리 부는 사나이가 온 모양이었다. 이 동네 고양이란 고양이는 죄다 소리 나는 쪽으로 몰려갔다. 하지만 개들은 한심해서 신경 쓰기도 싫다는 표정이었다.

"고기요! 고기!"

소리가 점점 더 가까워졌다. 다음 순간, 목소리의 주인공이 나타났다. 거칠고 지저분한 작은 남자였는데, 손수레를 끌고 있었다. 남자 뒤로는 고양이 스무 마리가 남자의 목소리와 거의 비슷한 소리로 야옹야옹 울면서 졸졸 따라왔다. 남자는 50미터마다, 그러니까 고양이들이 꽤 모였다 싶을 때마다 손수레를 멈추었다.

마법의 목소리를 가진 남자는 손수레에 실린 상자에서 꼬

챙이를 꺼내 들었다. 꼬챙이에는 진한 냄새를 풍기는 삶은 간 조각이 줄줄이 꿰여 있었다. 남자는 기다란 막대기로 간을 쏙쏙 빼내 바닥에 떨어뜨렸다. 그러자 고양이들이 잽싸게 한 조각씩 입에 물더니, 귀를 살짝 내리고 새끼 호랑이처럼 날카로운 눈빛으로 가르랑대면서 휙 돌아서 내뺐다. 안전하고 으슥한 곳으로 가서 느긋하게 먹을 속셈이었다.

"고기요! 고기!"

그러자 또 한 무리의 고양이가 제 몫을 받으러 몰려왔다. 남자는 간을 먹으러 오는 고양이들을 다 알고 있었다. 카스틸리오네 씨네 타이거도 왔고, 존스 씨네 블랙도 왔다. 프랄리츠키 씨네 토커셀과 댄턴 부인네 화이트도 보였다. 블렌킨쇼프 씨네 몰티도 어디선가 슬그머니 나타났고, 소여 씨네 늙은 고양이 오렌지빌리는 손수레에 기어올랐다. 빌리는 주인이 한 번도 먹잇값을 낸 적이 없는데도 뻔뻔스레 고기에 달려들곤 했다. 남자는 누가 먹잇값을 내고 누가 안 냈는지 모두 기억했다. 이 고양이의 주인은 일주일에 10센

트씩 내니까 확실하지. 저놈은 아무래도 돈을 안 낸 것 같다. 존 워시 씨네 고양이는 먹잇값이 밀려 있어서 작은 것을 얻어먹었다. 목걸이와 리본을 달고 있는 술집 고양이는 인심 좋은 주인을 둔 덕분에 한 조각을 더 얻어먹었다. 순찰 경관네 고양이는 돈을 내지 않지만, 특별히 잘 봐주었다. 순찰 경관도 남자를 특별히 봐주기 때문이었다.

  반면 푸대접을 받는 고양이들도 있었다. 코가 하얀 검정고양이는 다른 고양이들에 질세라 자신 있게 달려들었다가 매

몰차게 쫓겨났다. 아, 그 고양이는 도무지 영문을 알 수 없었다. 지금까지 몇 달 동안 수레에서 고기를 받아먹었는데!

왜 이렇게 매정한 대접을 받게 되었을까? 고양이는 몰랐지만, 다 이유가 있었다. 고양이의 주인이 더 이상 돈을 내지 않았던 것이다. 장부에 따로 적어 놓지는 않지만 남자의 기억은 한 번도 틀린 적이 없었다.

수레 주위에는 이러한 '귀족' 고양이들이 모여 있었고, 그 바깥쪽에는 명단에 오르지 않아서 수레에 가까이 다가갈 수 없는 고양이들이 있었다. 먹음직스러운 냄새에 이끌려 온 그 고양이들은 혹시라도 행운을 얻을까 줄곧 눈치만 보았다.

이처럼 성가신 불청객들 중에는 빼빼 마른 잿빛 고양이 슬러머도 있었다. 슬러머는 잔꾀로 먹고사는 꾀죄죄한 길고양이로, 한눈에도 어느 외딴곳에서 몰래 새끼를 키우는 게 분명해 보였다.

슬러머는 한쪽 눈으로는 수레를 에워싼 고양이들을 주시하면서, 다른 쪽 눈으로는 개가 불쑥 나타나지 않는지 살폈다. 행복한 고양이들은 호랑이처럼 한 치의 빈틈도 보이지 않고 맛있는 '일용할 양식'을 물고 돌아갔다. 그때 슬러머처럼 길고양이 신세인 덩치 큰 수고양이가 먹이를 빼앗을 생각으로 작은 고양이 한 마리를 덮쳤다. 작은 고양이는 제 몸을 지키느라 간 조각을 떨어뜨렸다. 슬러머는 그 틈을 놓치지 않고 '전능한' 인간이 끼어들기 전에 간을 가로채서 도망갔다.

슬러머는 멘지 씨네 집 옆문에 난 구멍으로 빠져나가, 뒷담을 훌쩍 뛰어넘어 자리를 잡고 앉았다. 그러고는 간을 게걸스레 먹어 치우고 입가를 싹싹 핥았다. 슬러머는 흐뭇한 마음으로 꾸불꾸불한 길을 따라 쓰레기장으로 갔다. 그곳의 낡은 과자 상자 안에는 어미를 기다리는 새끼 고양이들이 있었다. 그런데 상자 쪽에서 애처로운 울음소리가 들렸다. 슬러머가 급히 뛰어가 보니, 커다란 검은색 수고양이가 유유히 새끼 고양이들을 죽이고 있지 않은가. 이 고양이는 슬러머보다 덩치가 갑절은 컸지만, 슬러머가 온 힘을 다해 달려들자 나쁜 짓을 하다가 들킨 동물들이 으레 그렇듯 후다닥 내뺐다.

살아남은 새끼는 한 마리뿐이었다. 어미를 꼭 빼닮긴 했지만 털빛이 더 선명한 암고양이였다. 새끼 고양이는 잿빛 바탕에 검은 반점이 있고, 코와 귀와 꼬리 끝의 털빛은 희끔했다. 물론 어미는 며칠 동안 몹시 슬퍼했다. 하지만 슬픔이 잦아들자 하나 남은 새끼에게 온 정성을 기울였다.

당연히 시커먼 수고양이는 자비를 베풀려는 마음으로 새끼 고양이들을 죽이고 한 마리만 남겨 둔 것은 전혀 아니었지만, 우연찮게도 이 고양이 모녀를 도와준 꼴이 되었다. 얼마 지나지 않아 어미 고양이와 새끼 고양이가 눈에 띄게 건강해졌기 때문이다.

어미는 여전히 날마다 먹이를 찾으러 다녔다. 고기 수레에서 간을 얻어먹는 행운은 거의 없었지만, 그 대신 쓰레기통이 있었다. 쓰레기통에 고기는 없었지만 감자 껍질은 늘 있었기 때문에, 그것으로 굶주린 배를 채우며 또 하루를 보낼 수 있었다.

어느 날 밤, 골목 끝에 있는 이스트강에서 먹음직스러운 냄새가 풍겨 왔다. 고양이는 새로운 냄새를 맡으면 반드시 조사해 본다. 더군다나 먹음직스러운 냄새라면 두말할 필요도 없다.

어미 고양이는 냄새를 따라 한 구획 떨어진 부두로 갔다. 그러고는 어둠을 틈타 몸을 숨길 곳 하나 없는 선창으로 나갔다. 갑자기 시끄러운 소리가 들리더니 뭔가가 으르렁거

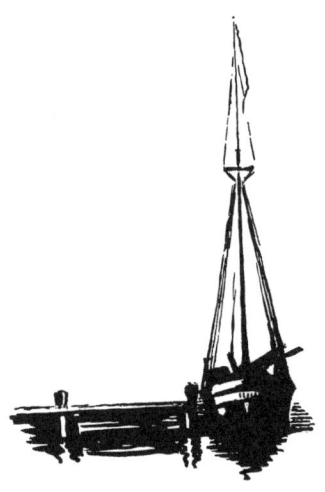

리며 와락 달려들었다. 오랜 앙숙인 부둣가 개가 뒤쫓아 온 것이다.

여기서 도망갈 길은 하나뿐이었다. 어미 고양이는 냄새를 풍기는 그 배에 훌쩍 뛰어올랐다. 개는 더 이상 따라오지 못했다. 아침이 되자 고깃배는 어미 고양이를 싣고 부두를 떠났고, 어쩔 수 없이 배를 타고 떠나게 된 어미 고양이는 두 번 다시 나타나지 않았.

아무리 기다려도 어미는 돌아오지 않았다. 아침이 밝고 한낮이 되자, 새끼 고양이 키티는 배가 몹시 고팠다. 해 질 녘이 되자, 새끼 고양이는 뿌리 깊은 본능에 이끌려 낡은 상자에서 빠져나와 먹이를 찾아다녔다. 쓰레기 더미를 뒤적거리며 꼼꼼히 냄새를 맡아 보았지만 도무지 먹을 만한 것이 없었다.

마침내 새끼 고양이는 지하에 있는 잽 멀리의 애완동물 가게로 내려가는 나무 계단 앞에 이르렀다. 가게 문이 빠끔 열려 있었다. 키티는 고약하지만 흥미로운 냄새가 풍기고 사방에 짐승 우리가 들어찬 가게 안으로 들어섰다.

한 흑인이 구석에 놓인 상자 위에 앉아 빈둥거리다가 난데없이 나타난 새끼 고양이를 호기심 어린 눈으로 지켜보았다. 키티가 토끼 우리 옆을 지나갔지만 토끼들은 키티를 본 척도 하지 않았다. 그다음에 키티는 여우가 갇혀 있는 창살이 듬성듬성한 우리 앞으로 갔다. 탐스러운 꼬리를 가진 그 신사는 눈빛을 번뜩이며 우리 안쪽 구석에 납죽 엎드려 있었다.

키티는 코를 킁킁거리며 창살로 다가가서는 우리 안으로 목을 들이밀고 다시 냄새를 맡았다. 그리고 먹이 그릇 쪽으

로 다가가려는 순간 여우한테 붙잡히고 말았다. 겁에 질려 야옹거리던 키티는 여우가 덥석 물고 흔드는 바람에 아무 소리도 지르지 못했다. 흑인이 구해 주지 않았다면 목숨이 아홉 개라는 고양이도 단번에 끝장났을 것이다. 흑인은 무기도 없었고 우리 안으로 들어갈 수도 없었다. 하지만 여우의 얼굴에 대고 어찌나 사납게 침을 뱉었던지 여우는 결국 새끼 고양이를 놓아주고 구석 자리로 돌아가 시무룩이 눈을 껌벅거렸다.

흑인은 새끼 고양이를 끌어냈다. 맹수가 물고 흔들어 댈 때 기절한 덕분에 고통은 심하지 않았다. 키티는 다친 데는 없었지만, 어지러운지 잠시 비틀거리며 한 바퀴를 돌더니 서서히 정신을 차렸다. 몇 분 뒤에는 흑인의 무릎에 올라가 가르랑거리는 것을 보니, 아까 일에 크게 영향을 받지는 않은 듯했다. 그때 가게 주인 잽 멀리가 돌아왔다.

잽이라는 이름은 일본 사람이라는 뜻이지만, 잽은 동양인이 아니라 런던 출신이다. 둥글넓적한 얼굴에 짝 찢어진 눈이 동양인을 닮았다고 하여 원래 이름 대신 '잽'이라고 불렀다. 잽은 밥벌이 수단인 새와 짐승에게 불친절한 편은 아니었지만, 항상 한몫 잡을 기회를 노리는 사람이었다. 그는 자기한테 무엇이 필요한지 잘 알았다. 새끼 길고양이 따위는 아무짝에도 쓸모가 없었다.

그래서 흑인은 새끼 고양이를 배불리 먹이고는 주인이 시키는 대로 멀찌감치 떨어진 동네 고물상 마당에 갖다 놓았다.

한 끼를 배불리 먹으면 이삼 일은 너끈히 버틸 수 있다. 넉넉하게 채운 열량 덕분에 키티는 활기가 넘쳤다. 키티는 쓰레기 더미 주위를 돌아다니다가 높은 창문에 걸려 있는 새장 속 카나리아들을 호기심 어린 눈으로 쳐다보았다. 울타리 위로 올라갔다가는 커다란 개를 발견하고 다시 슬그머니 내려왔다. 그러고는 아늑한 양지를 찾아 한 시간쯤 잠을 잤다.

가볍게 '킁킁'거리는 소리에 퍼뜩 깨어나 보니, 눈앞에 커다란 검은 고양이가 초록 눈동자를 번뜩이며 서 있었다. 굵

은 목과 각진 턱을 보니 예전의 그 수고양이가 분명했는데, 뺨에 흉터가 있고 왼쪽 귀가 찢어져 있었다. 표정에서 다정함이라고는 눈곱만치도 찾아볼 수 없었다. 검은 고양이는 귀를 까딱거리고 꼬리를 씰룩거리면서 목구멍으로 낮고 희미한 소리를 냈다. 키티는 순진하게도 검은 고양이 쪽으로 걸어갔다. 키티는 그 고양이를 기억하지 못했다.

수고양이는 턱 언저리를 기둥에 쓱쓱 비비더니 소리 없이 천천히 돌아서서 사라졌다. 키티가 마지막으로 본 것은 좌우로 씰룩거리는 수고양이의 꼬리 끄트머리였다. 키티는 저번에 겁도 없이 여우 우리에 들어갔던 때처럼 자신이 오늘 또다시 죽을 고비를 넘겼다는 사실을 전혀 알지 못했다.

밤이 되자 키티는 배가 고팠다. 키티는 공기 중에 떠다니는 냄새들을 꼼꼼히 조사하고는 가장 흥미로운 냄새를 골라 따라갔다. 고물상 마당 한구석에 쓰레기통이 있었다. 키티는 그 속에서 먹을 만한 것을 찾아냈다. 그리고 수도꼭지 밑에 놓인 물통에서 목을 축였다.

그날 밤, 키티는 고물상 마당에 뭐가 있나 살피면서 어슬렁어슬렁 돌아다녔다. 이튿날 낮에는 전날처럼 양지 녘에서 잠을 잤다. 그렇게 시간이 흘러갔다.

쓰레기통에서 맛있는 것을 찾는 날도 있었고 허탕을 치는 날도 있었다. 한번은 지난번에 본 덩치 큰 검은 고양이가 쓰레기통에 있는 것을 보고 들키기 전에 현명하게 도망친 적도 있었다. 물통은 대부분 같은 자리에 있었지만, 그렇지 않을 때는 움푹 팬 돌바닥에 고인 흙탕물을 먹었다. 하지만 쓰레기통만 믿고 살 수는 없었다. 사흘이나 쫄쫄 굶은 적도 있었으니 말이다.

키티는 높은 울타리를 따라 걸어 다니며 먹이를 찾다가 작은 구멍을 발견했다. 구멍으로 기어들어 가니 탁 트인 거리가 나타났다. 눈앞에 새로운 세상이 펼쳐졌지만, 멀리 나가 보기도 전에 뭔가가 화닥닥 달려들었다. 커다란 개였다. 키티는 가까스로 울타리 구멍으로 도망쳤다.

너무나도 배가 고팠던 키티는 반갑게도 말라비틀어진 감자 껍질을 찾아내어 허기를 조금 달랬다. 키티는 아침에도 자지 않고 먹을 것을 찾아다녔다. 참새들이 마당에 내려앉아 짹짹거렸다. 그동안 무심코 보아 넘겼던 참새들이 새롭게 보였다. 굶주림에 지쳐 내부에서 잠자던 야생 사냥꾼의

본성이 드디어 고개를 쳐든 것이다. 이제 참새들은 사냥감, 그러니까 먹이로 보였다.

키티는 본능적으로 몸을 웅크리고 이쪽저쪽으로 숨어서 살금살금 다가갔지만, 참새들이 금방 눈치를 채고 포르르 날아가 버렸다. 그 뒤로도 몇 번이나 참새를 잡으려고 했지만, 잡을 수만 있으면 참새도 먹이가 된다는 사실만 확신했을 뿐 아무런 소득도 올리지 못했다.

불운이 이어진 지 닷새째, 먹이를 찾느라 혈안이 된 새끼 고양이는 다시 과감하게 거리로 나갔다. 급할 때 도망칠 수 있는 울타리 구멍에서 멀찍이 떨어졌을 무렵, 사내아이들이 벽돌 조각을 던지기 시작했다. 새끼 고양이는 겁에 질려 도망쳤다. 엎친 데 덮친 격으로 개까지 쫓아왔다. 그때 마침 구식 쇠 울타리가 있는 어느 집 앞마당이 보였다. 개가 덮치려는 순간, 키티는 울타리 살 사이로 쏙 들어갔다. 창가에서 내다보던 한 여자가 개를 향해 호통을 쳤다.

사내아이들은 가엾은 새끼 고양이에게 고양이 먹이 한 점을 떨어뜨려 주었다. 그렇게 맛있는 식사는 처음이었다. 키티는 해 질 녘까지 진득하니 그 집 현관 앞 계단 밑에 숨어 있다가 땅거미가 조용히 내려앉자 그림자처럼 살그머니 고물상 마당으로 돌아왔다.

그렇게 하루하루가 지나고 어느덧 두 달이 흘렀다. 키티는 몸집이 자라고 힘도 세졌으며 동네 주변을 속속들이 알게 되었다. 그중에는 아침마다 쓰레기통이 길게 늘어서는 다우니 거리도 있었다. 키티는 이 쓰레기통의 주인들을 자기 나름대로 상상해 보기도 했다. 이 거리에 있는 커다란 건물은 키티한테는 성당이 아니라 쓰레기통에 맛있는 생선 부스러기를 많이 넣어 주는 집일 뿐이었다.

고양이는 곧 고기 수레를 알게 되어, 바깥쪽에서 맴도는 고양이 무리에 끼었다. 또 어미 고양이를 쫓아갔던 부둣가 개뿐 아니라 다른 무시무시한 개들도 두세 마리 만났다. 새끼 고양이는 개들이 어떻게 공격하는지, 그리고 개들을 어떻게 피해야 하는지 잘 알았다. 또 키티는 새로운 사업을 개발하는 데서 행복을 느꼈다. 이른 아침이면 우유 배달부가 계단과 창턱에 우유통을 놓아두는데, 수많은 고양이들이 행운을 기대하며 먹음직스러운 우유통 주위를 어슬렁거렸다. 키티는 아주 우연히 뚜껑이 부서진 우유통을 발견하고, 뚜껑을 여는 법을 익혀서 우유를 맛나게 먹었다. 병우유 뚜껑은 도저히 열 수 없었지만, 깡통우유 뚜껑은 꼭 닫히지 않는 경우가 많았다. 그래서 키티는 고생스럽지만 뚜껑이 헐거운 우유통을 찾아다녔다.

마침내 키티는 이웃 동네 한복판까지 훤히 알게 되었고, 거기서 더 멀리 나아가 다시 한번 나무통과 상자가 쌓여 있는 잽의 가게 뒷마당에 이르렀다.

지금 살고 있는 고물상 마당은 키티에게 늘 낯설게만 느껴졌는데, 이곳은 마치 자기 집 같았다. 그래서 키티는 다른 작은 고양이가 이곳에 있는 것을 보고 왈칵 화가 치밀었다.

키티는 위협하듯 그 고양이에게 다가갔다. 두 고양이가 서로 카르랑거릴 때, 위쪽 창문에서 누군가 물 한 양동이를 퍼부었다. 둘은 물에 쫄딱 젖은 채 화를 삭일 수밖에 없었다. 결국 낯선 고양이는 담장 위로, 새끼 고양이 키티는 자기가 태어난 바로 그 상자 속으로 도망쳤다.

잽의 가게 뒷마당에 깊은 매력을 느낀 키티는 그곳에 눌러앉기로 했다. 고물상보다 음식 쓰레기가 더 많은 것도 아니었고 물도 전혀 없었지만, 종종 시궁쥐와 아주 맛 좋은 생쥐가 몇 마리씩 나타났다. 키티는 이따금 쥐를 잡아먹었는데, 쥐는 키티에게 맛있는 음식일 뿐 아니라 훗날 친구를 얻는 계기가 되기도 했다.

4

 키티는 어느새 다 자란 고양이가 되었다. 키티의 털무늬는 표범을 닮아 눈에 확 띄었다. 옅은 잿빛 바탕에 까만 반점이 있었고, 코와 양 귀와 꼬리 끝 네 군데에 하얀 점이 있어 다른 고양이들과 뚜렷이 구별되었다. 키티는 먹고사는 일에 아주 익숙해졌지만, 가끔은 며칠 동안 굶기도 했고 참새잡이도 아직은 욕심에 불과했다. 하지만 외톨이로 지내던 키티한테도 의지할 데가 생겼다.

 8월 어느 날, 키티가 볕을 쬐며 누워 있는데, 커다란 검은 수고양이가 담장 위를 걸어 키티 쪽으로 다가왔다. 키티는 찢어진 귀를 보고 한눈에 그 고양이를 알아보았다. 키티는 얼른 자기 상자 속에 숨었다. 검은 고양이는 살금살금 다가오더니 마당 끝에 있는 헛간 지붕으로 훌쩍 뛰어내려 지붕을 가로질러 갔다. 그때 누런 수고양이 한 마리가 벌떡 일어났다. 검은 고양이가 으르렁거리며 노려보았지만, 누런 고양이도 지지 않았다. 둘은 꼬리를 홱홱 흔들었다. 튼튼한 목을 힘껏 울려 으르렁, 야아옹 기세를 올렸다. 그러고는 귀를 뒤로 젖히고 온몸을 잔뜩 긴장시킨 채 서로에게 다가갔다.

 검은 고양이가 소리쳤다.

 "캬아오옹!"

그러자 좀 더 굵고 나직한 대답이 들려왔다.

"카르르렁!"

"캬아오오옹!"

검은 고양이가 다시 소리치며 1센티미터쯤 다가갔다.

"캬르르렁!"

누런 고양이도 맞대꾸를 하고는 몸을 쭉 펴고 늠름하게 2, 3센티미터가량 앞으로 나섰다.

"캬르렁!"

누런 고양이는 다시 한번 2, 3센티미터쯤 다가가면서 꼬리를 홱홱 휘두르고 꼬리로 바닥을 탁탁 치기도 했다.

"캬아오오오!"

검은 고양이가 점점 소리를 높였다. 하지만 조금도 움츠러들지 않는 누런 고양이의 딱 벌어진 가슴을 보고는 아주 살짝 뒤로 물러났다.

사방에서 창문이 열리며 사람들의 목소리가 들렸지만, 고양이들은 아랑곳하지 않았다.

"카르르렁!"

누런 고양이가 굵고 낮은 소리로 울부짖었다. 검은 고양이의 목소리는 높아졌지만, 누런 고양이의 목소리는 오히려 낮아졌다.

"캬웅!"

"카르렁!" 하고 누런 고양이가 으르렁거렸다.

누런 고양이가 한 발짝 더 나아갔다.

이제 두 고양이의 코는 7, 8센티미터밖에 떨어져 있지 않았다. 두 고양이는 비스듬히 서서 싸울 채비를 하고는 상대방이 공격하기를 기다렸다. 둘은 꼬리 끝만 비틀 뿐 동상처럼 꼼짝 않고 서서 3분 동안 서로를 노려보기만 했다.

누런 고양이가 다시 굵고 낮은 소리를 냈다.

"카르르르!"

"캬오오오!"

검은 고양이는 상대방한테 겁을 주려고 목청껏 소리치면서도 1밀리미터쯤 살짝 뒤로 물러났다. 누런 고양이가 1센티미터쯤 성큼 다가서자 둘의 수염이 맞닿았고, 다시 한번 다가서자 이제는 두 코가 닿을락 말락 했다.

누런 고양이가 낮고 굵은 소리로 "크르렁!" 하고 울었다.

검은 고양이는 "캬오오오옹!" 비명을 지르면서 다시 1밀리미터쯤 아주 살짝 물러났다. 그러자 누런 고양이가 바짝 다가가 악마처럼 검은 고양이를 덮쳤다.

두 고양이는 한데 엉겨 데굴데굴 구르고, 박박 할퀴고, 사정없이 물어뜯었다. 특히 누런 고양이가 지독했다!

둘은 엎어지고, 꽉 붙들고, 부둥켜안았다. 특히 누런 고양이가 더욱더 지독했다!

두 고양이는 쉴 새 없이 엎치락뒤치락했지만, 주로 누런

고양이가 위에 올라탔다. 그리고 둘은 창가로 몰려든 구경꾼들의 환호를 받으며 지붕 아래로 굴러떨어졌다. 물론 쓰레기장으로 떨어지는 동안에도 쉴 새 없이 잡아 뜯고 할퀴었다. 이때도 상처를 많이 입은 쪽은 역시 검은 고양이였다. 그리고 바닥에 떨어져 싸움을 계속 이어 갔을 때도 주로 밑에 깔리는 쪽은 검은 고양이였다. 한바탕 싸우고 난 뒤 서로 떨어졌을 때, 검은 고양이는 완전히 넌더리가 났다!

검은 고양이는 피를 흘리며 으르렁거리면서 담장을 넘어 사라졌고, 그사이 케일리 씨네 닉이 마침내 오렌지빌리한테 졌다는 소식이 집집마다 전해졌다.

누런 수고양이가 잘 찾아냈거나 키티가 그다지 꼭꼭 숨지 않았나 보다. 누런 고양이는 상자들 틈에서 키티를 발견했고, 키티도 싸움을 지켜본 탓인지 도망치려고 하지 않았다. 암컷의 마음을 얻으려면 싸움에서 이기는 게 최고다. 그때부터 누런 고양이는 키티와 무척 친해졌다. 고양이들은 친하다고 해서 함께 살거나 먹이를 나누어 먹지는 않는다. 그래도 둘은 서로를 특별히 우호적으로 대하는 사이가 되었다.

5

9월이 지나갔다. 10월 들어 낮이 점점 짧아질 무렵, 낡은 과자 상자 속에서 한 가지 사건이 일어났다. 오렌지빌리가 과자 상자를 들여다보았다면, 키티의 품에 안겨 있는 새끼 고양이 다섯 마리를 보았을 것이다. 키티는 한없이 행복했고, 어미 동물이 느낄 수 있는 모든 환희와 기쁨을 맛보았다. 키티는 사랑하는 새끼들을 더없이 부드럽게 핥아 주었다. 만약 키티한테 자신의 행동을 돌아볼 수 있는 능력이 있었다면 자기한테 이렇게 다정한 면이 있었나 하며 스스로도 깜짝 놀랐을 것이다.

키티는 기쁨 없는 삶에서 한 가지 기쁨을 얻었지만, 이미 짊어진 삶의 무게에 걱정과 무거운 짐을 더 얹은 셈이기도 했다. 이제 키티는 먹이를 구하는 데 온 힘을 쏟았다. 새끼들이 상자 주위를 기어 다닐 만큼 자라면서 부담은 더욱 커졌다. 6주가 지나자 새끼들은 어미가 없을 때면 상자 밖으로 기어 나오곤 했다.

빈민가에서는 골칫거리는 떼 지어 몰려오고 행운은 잇따라 찾아온다고들 한다. 키티는 개들과 세 번이나 맞닥뜨렸고 이틀이나 쫄쫄 굶은 데다 잽 멀리네 흑인한테 돌팔매질까지 당했다.

하지만 곧 운세가 바뀌었다. 바로 그다음 날 아침에 키티는 뚜껑 없는 우유통을 찾아냈고, 수레 옆에서 간을 얻어먹던 고양이한테서 간 조각을 빼앗았으며, 큼직한 생선 대가리도 발견했다. 그 모든 일이 겨우 두 시간 사이에 줄줄이 일어났다.

배가 잔뜩 부른 상태에서만 우러나오는 더없이 느긋한 기분으로 쓰레기장으로 돌아오자마자, 키티는 조그만 갈색 동물을 발견했다. 키티는 지금까지 자기가 잡았던 동물을 죄다 떠올려 보았다. 하지만 이런 동물은 없었다. 그래도 생쥐 몇 마리는 잡아먹어 본 터라, 이놈은 꼬리가 짤막하고 귀가 길쭉한, 커다란 생쥐가 분명하다고 생각했다.

키티는 살금살금 다가갔지만 굳이 그럴 필요는 없었다. 새끼 토끼는 발딱 일어나 앉아 흥미롭다는 표정으로 키티

를 바라보았다. 토끼가 도망치려고 하지 않자 키티는 새끼 토끼를 덥석 물었다. 배가 고프지 않았기 때문에 키티는 토끼를 상자로 가지고 가서 새끼 고양이들 틈에 떨어뜨려 놓았다.

새끼 토끼는 별로 다치지 않았다. 두려움이 가신 새끼 토끼는 밖으로 나갈 수 없게 되자 새끼 고양이들 틈으로 파고들었다. 그리고 새끼 고양이들이 어미젖을 빨기 시작하자 자기도 따라 하기로 마음먹었다.

어미 고양이는 당황했다. 지금까지는 사냥꾼의 본능이 앞섰지만 배가 고프지 않아 토끼를 살려 주었을 뿐이건만, 어미의 본능이 그 틈을 비집고 고개를 쳐들었다. 결국 새끼 토끼는 고양이들과 한 가족이 되어 키티의 젖을 먹으며 키티의 보호를 받았다.

두 주가 지났다. 새끼 고양이들은 어미가 없을 때면 상자들 사이를 뛰어다니며 놀았다. 새끼 토끼는 아직 상자 밖으로 나오지 못했다. 잽 멀리는 새끼 고양이들이 뒷마당에서 노는 것을 보고 흑인한테 총으로 쏘아 버리라고 했다.

어느 날 아침, 흑인은 22구경 총으로 새끼 고양이들을 쏘았다. 새끼들이 차례로 총을 맞고 목재 더미 속으로 떨어졌을 때, 어미 고양이가 작은 시궁쥐를 물고 부두 쪽에서 담을 따라 뛰어왔다.

흑인은 어미 고양이까지 쏘아 버리려다가 시궁쥐를 보고 마음을 바꾸었다. 쥐 잡는 고양이는 살려 둘 가치가 있기 때문이었다. 키티는 그날 처음으로 시궁쥐를 잡았는데, 바로 그 덕분에 목숨을 건진 것이다.

키티는 얼기설기 쌓인 목재 더미를 헤치고 과자 상자로 갔다. 하지만 어찌 된 일인지 아무리 불러도 새끼들은 한 마리도 나타나지 않았고, 토끼는 시궁쥐를 입에도 대지 않았다. 어미 고양이는 웅크리고 앉아 새끼 토끼에게 젖을 먹이면서 이따금 새끼 고양이들을 불렀다.

흑인이 그 소리를 듣고 살금살금 다가갔다. 그리고 과자 상자 속에 어미 고양이와 살아 있는 새끼 토끼와 죽은 시궁쥐가 함께 있는 것을 보고 깜짝 놀랐다.

어미 고양이는 귀를 뒤로 젖히고 으르렁거렸다. 흑인은 바로 물러났다가, 잠시 뒤 돌아와서 과자 상자를 널빤지로 덮고 안에 살아 있는 동물들과 죽은 동물이 들어 있는 채로 번쩍 들어 올려서 지하실로 옮겼다.

"사장님, 이것 좀 보세요. 잃어버린 토끼가 여기에 있었어요. 내가 훔친 게 아니라고요."

어미 고양이와 새끼 토끼는 커다란 철망 우리로 조심스레 옮겨져 행복한 가족의 본보기로 전시되었지만, 며칠 뒤 토끼는 병에 걸려 죽고 말았다.

우리에 갇힌 키티는 조금도 행복하지 않았다. 먹을 것은 충분했지만, 자유가 못 견디게 그리웠다. 이제는 '죽음이 아니면 자유를 달라'고 소리치고 싶을 정도였다. 하지만 우리에 갇혀 있던 나흘 동안 제 털을 깨끗이 핥고 반지르르하게 매만진 덕분에 독특한 털빛이 뚜렷이 드러났다. 그것을 본 잽은 어미 고양이를 살려 두기로 마음먹었다.

두 번째 삶

 잽 멀리는 체구는 작지만 싸움꾼인 런던 출신 사내로, 지하실에서 싸구려 카나리아를 파는 만큼 평판이 좋지 않고 가진 재산도 없었다. 그런데도 그 흑인이 잽 밑에서 일하는 것은 이 '영국인'이 기꺼이 흑인과 함께 먹고 잤을 뿐 아니라 미국인들과는 달리 흑인을 눈곱만치도 차별하지 않았기 때문이다.
 잽의 관점에서 보면 잽은 정직했다. 하지만, 솔직히 자신의 관점이란 게 없었다. 그리고 잽이 주로 개나 고양이를 훔쳐서 지하실에 숨겨 놓았다가 돈을 받고 주인에게 돌려주는 수법으로 먹고산다는 것은 알 만한 사람은 다 아는 사실이었다. 카나리아 여섯 마리는 그저 눈가림에 지나지 않았다. 하지만 잽은 자신을 믿었다.
 "이봐, 샘, 두고 보라고. 나는 꼭 말을 갖게 될 테니까."
 잽은 별것 아닌 일에 성공해도 작고 지저분한 가슴을 잔뜩 부풀리며 그렇게 떠벌리곤 했다. 잽은 이따금 어렴풋하게나마 야심을 품을 때가 있었고, 가끔은 동물 애호가로 알려지고 싶기도 했다.

실제로 한번은 뉴욕 상류 사회의 애완 고양이 전시회에 고양이를 출품하는 어처구니없는 짓도 저질렀다. 거기에는 그렇게 뻔하지는 않은 세 가지 목적이 있었는데, 첫째는 자신의 야심을 충족시키기 위해서였고, 둘째는 출품자는 전시장을 자유로이 돌아볼 수 있기 때문이었으며, 셋째는 '고양이를 잡으려면 값비싼 고양이가 어떻게 생겼는지 알아야 하기' 때문이었다.

하지만 이 전시회는 상류 사회에서 열리는 행사라서 출품자는 반드시 자신을 소개해야 했다. 그래서 잽이 출품하려 한 페르시아종의 피가 섞였다는 고양이는 비웃음만 산 채 퇴짜를 맞고 말았다.

잽은 신문을 볼 때도 '동물을 찾습니다'라는 기사에만 관심을 가졌는데, 한번은 '모피용 동물 기르기'에 관한 기사를 발견하고 오려다 지하실 벽에 붙여 놓았다. 그리고 어느 날 그 기사에 쓰인 대로 키티에게 잔인한 실험을 했다. 우선 고양이 털에 있는 해충 두세 종을 죽일 수 있는 소독약에다 고양이를 푸욱 담갔다. 그런 다음 물고 할퀴고 캬르릉대는 고양이를 따뜻한 비눗물에 깨끗이 씻겼다.

화가 나서 날뛰던 키티는 난로 근처의 우리 안에서 털을 말리고 나서는 온몸으로 퍼지는 따스한 온기에 기분이 풀렸다. 키티의 털은 놀랍도록 깨끗하고 부드럽고 보송보송해졌다. 키티의 마음이야 어쨌든 잽과 흑인 조수는 그 결과에 무척 만족했다.

하지만 이것은 준비 단계일 뿐이었다. 실험은 이제부터였다. 신문에는 '털을 자라게 하는 가장 좋은 방법은 기름진 음식을 많이 먹이고 찬 바람을 쐬어 주는 것'이라고 나와 있었다.

겨울이 코앞으로 다가왔기 때문에, 잽 멀리는 키티의 우리를 마당에 내놓고 비가 들이치거나 바람이 직접 닿지 않게만 해 놓았다. 그러고 나서 키티에게 줄곧 기름진 케이크와 생선 대가리를 먹였다.

일주일이 지나자 슬슬 변화가 나타났다. 키티는 포동포동 살이 오르고 털에 윤기가 자르르 흘렀다. 키티가 하는 일이라고는 먹는 일과 털 손질밖에 없었다.

우리는 항상 깨끗했고, 차가운 날씨와 기름진 음식 덕분에 키티의 털은 갈수록 풍성해지고 윤기가 돌았다. 그리고 한겨울이 되자, 키티는 더없이 풍부하고 윤기 있는 털과 독특한 무늬를 가진 매우 아름다운 고양이가 되었다.

잽은 실험 결과에 매우 흡족했다. 그리고 다시 이 사소한 성공에 들떠 영광의 길을 꿈꾸기 시작했다. 곧 열릴 고양이 전시회에 빈민가 길고양이를 출품하면 안 된다는 법이 있나? 잽은 작년에 쓰라린 실패를 맛본 터라 이번에는 세세한 부분까지 신경을 썼다.

잽은 흑인 조수에게 말했다.

"샘, 자네도 알겠지만 떠돌이 길고양이로 출품하면 안 돼. 뉴욕 사람들한테 걸맞은 혈통을 지어내야 한다고. 뭐니 뭐니 해도 일단 이름이 멋져야지. 이번에는 '로열' 어쩌고 하는 식으로 이름을 지어야겠어. 뉴욕 사람들한테 '로열'만큼 잘 어울리는 건 없으니까. '로열 딕'이나 '로열 샘'은 어떨까? 아 참, 그건 수컷 이름이지. 어이, 샘, 자네 무슨 섬에서 태어났다고 했지?"

"애널로스턴섬이 제 고향입죠."

"흠, 그것 괜찮군. '로열 애널로스턴'이라. 좋아! 전시회에서 딱 하나뿐인 혈통서 있는 '로열 애널로스턴'. 근사하지 않나?"

둘은 낄낄대며 웃었다.

"하지만 혈통서가 있어야지."

그래서 둘은 전통 깊고 인정받는 혈통임을 증명하는 가짜 혈통서를 만들었다.

어느 어두침침한 날 오후, 샘은 중절모를 빌려 쓰고 전시회장 현관에 고양이와 혈통서를 전달했다. 그 명예로운 일은 흑인이 맡았다. 샘은 예전에 6번가에서 이발사 노릇을 했기 때문에, 잽 멀리보다 훨씬 위엄 있고 우아하고 오만한 태도를 보여 줄 수 있었다. 로열 애널로스턴이 전시회에서 정중한 대접을 받은 데에는 샘의 공로가 컸다.

잽은 전시회에 고양이를 출품한 게 너무나 자랑스러웠다. 잽은 런던 출신답게 상류 계층에 존경심을 품고 있었다. 개막식 날 전시장에 간 잽은 마차들과 신사 모자를 쓴 사람들이 줄지어 늘어선 광경을 보고는 기가 죽었다.

수위는 날카로운 눈길로 잽을 훑어보았지만, 표를 내보이자 두말없이 들여보내 주었다. 전시회 참가자의 마부쯤으로 여긴 게 분명했다.

고양이 우리가 길게 늘어선 전시장 안에는 벨벳 카펫이 깔려 있었다. 잽은 잔꾀를 부려 바깥쪽 통로를 따라 살금살금 지나가면서 온갖 종류의 고양이들을 훑어보았고, 특히 파란 리본과 빨간 리본을 단 고양이들을 눈여겨보았다. 잽은 자기가 출품한 고양이를 찾아 두리번거렸다. 하지만 어디에 있는지 물어볼 엄두는 나지 않았다. 자기가 사기 친 것을 알면 여기 모인 화려한 상류 사회 사람들이 뭐라고 할까 생각만 해도 온몸이 덜덜 떨렸다. 잽은 바깥쪽 통로를 모두 돌면서 수많은 고양이 우리를 둘러보았지만, 길고양이 키티는 어디에도 없었다.

안쪽 통로는 더욱 붐볐다. 키티는 안쪽 통로에도 없었다. 잽은 심사위원들한테 이미 퇴짜를 맞은 모양이라고 생각했다. 하지만 뭐 어때. 전시회 참가자 표가 있으니 값비싼 페르시아 고양이랑 앙고라 고양이나 실컷 구경하지, 뭐.

귀족 고양이들이 전시된 중앙 통로 한가운데에는 수많은 사람들이 몰려 북적댔다. 경찰관 둘이 통로에 밧줄을 쳐 놓고 손님들을 안내했다. 잽도 사람들 틈에 끼어들었지만 앞사람들에 가려 아무것도 보이지 않았다. 고급스러운 옷을 입은 사람들이 잽의 초라하고 낡은 옷에 닿지 않으려고 몸을 사렸는데도 우리에 다가가기는 쉽지 않았다. 그런데 사람들이 주고받는 이야기로 미루어 이 전시회의 화젯거리가 바로 코앞에 있는 모양이었다.

키 큰 여인이 감탄했다.

"어머나, 너무나 아름다워!"

그러자 누군가가 이렇게 맞장구쳤다.

"눈이 번쩍 뜨이는걸!"

"아주 품위 있는 환경에서 오랫동안 살아온 고양이가 아니고는 저런 분위기를 낼 수 없지."

"저렇게 근사한 고양이가 있으면 얼마나 좋을까!"

"저걸 봐. 위엄 있고 침착하잖아!"

"이집트 파라오 시대까지 거슬러 올라가는 진짜 혈통서가 있대."

꾀죄죄하고 땅딸막한 가난뱅이 잽은 저토록 훌륭한 고양이들이 출품되는 전시회에 한낱 길고양이를 내보낸 자신이 얼마나 뻔뻔스러운지 깨닫고 새삼 놀랐다.

"실례합니다."

전시회 감독이 군중을 헤치고 나타났다.

"지금 바로 '최고의 고양이'를 그리라는 주문을 받고 '스포팅 엘러먼트'의 화가가 왔습니다. 여러분, 조금만 물러나 주시겠습니까? 네, 됐습니다. 감사합니다."

"감독님, 저 아름다운 고양이의 주인은 저 고양이를 팔 생각이 없대요?"

감독이 대답했다.

"글쎄요, 저도 잘 모르겠습니다. 그분은 대단한 부자로, 아무하고도 만나고 싶어 하지 않는답니다. 한번 애써 보죠, 부인. 하지만 그 댁 집사 말이 이 보물을 전시하는 것도 썩 내키지 않아 했다는군요. 이봐, 좀 비켜."

감독은 화가와 귀족 고양이 사이로 비집고 들어오는 작고 꾀죄죄한 구경꾼한테 소리쳤다. 하지만 이 초라한 구경꾼은 값비싼 고양이를 꼭 보고 싶었다. 드디어 고양이 우리가 보였다. 그리고 거기에 걸린 현수막에는 '뉴욕 상류 사회의 고양이 및 애완동물 전시회의 파란 리본과 금메달'은 '유명한 고양이 애호가 J. 멀리 경이 수입해서 전시한 순종 명문 로열 애널로스턴(판매 불가)'에게 돌아갔다고 씌어 있었다.

잽은 숨을 멈추고 다시 한번 읽어 보았다. 그랬다. 틀림없었다. 경찰관 네 명이 지키는 찬란한 금빛 우리 안의 높다란 벨벳 쿠션 위에는 연한 잿빛 바탕에 또렷한 검은 점들이

높다란 벨벳 쿠션 위에 길고양이가 누워 있었다.

박힌 길고양이가 파란 눈을 지그시 감고 누워 있었다. 자신은 전혀 즐겁지 않고 무슨 영문인지도 모르겠는데, 사람들이 법석을 떠는 게 지겨워 죽겠다는 듯이.

7

잽 멀리는 몇 시간이나 우리 주위를 맴돌며 사람들이 하는 말을 엿들었다. 그리고 지금까지 한 번도 느끼지 못했고 꿈도 꿔 보지 못한 영광을 들이마셨다. 하지만 자신은 베일에 싸인 존재로 남는 것이 현명하다는 것을 알고 있었다. 따라서 모든 일은 반드시 그의 '집사'가 처리해야 했다.

전시회는 길고양이 키티 덕분에 성황을 이루었다. 주인이 지켜보는 가운데 키티의 가격은 날로 높아졌다. 잽은 고양이들이 얼마에 팔리는지 몰랐다. 다만 값이 가장 높아졌다 싶을 때, 자신의 '집사'를 통해 애널로스턴을 100달러에 팔겠다고 감독에게 알렸다.

이렇게 해서 길고양이 키티는 전시회장에서 5번가의 호화 주택으로 옮겨졌다. 처음에 키티는 까닭 없이 사납게 굴었다. 하지만 사람들은 키티의 쌀쌀맞은 태도가 친밀감을 혐오하는 귀족적인 품성 탓이라고 여겼다.

또 키티가 애완용 개를 피해 저녁 식탁 한복판에 올라앉는 것은 개를 불결하게 생각하는 뿌리 깊은 오해 때문이라고 생각했다. 그리고 카나리아를 공격하는 것은 고향인 동양에서는 그런 행동이 왕족들의 잔인한 취미였을 것이라며 너그럽게 봐주었다.

키티가 우유통 뚜껑을 여는 귀족적인 태도에는 큰 갈채를 보냈다. 비단이 깔린 바구니를 몹시 싫어하는 것이나 이따금 유리창에 달려들어 부딪치는 것도 다 이해해 주었다. 그 바구니는 너무 평범하고, 예전에 살던 왕궁에는 유리가 없었기 때문이라고 말이다.

양탄자를 더럽히는 것도 고양이가 동양적인 사고방식을 가진 증거로 여겼다. 높은 담장으로 둘러싸인 뒤뜰에서 참새를 잡으려다가 번번이 실패하는 것을 보고는 왕족 고양이로 너무 곱게 자란 탓이라고들 했다. 그리고 고양이가 툭 하면 쓰레기통을 뒤지는 것은 왕족다운 유별난 행동이라고 여겼다.

　키티는 배불리 먹고 극진한 사랑과 칭찬을 한 몸에 받았다. 하지만 키티는 눈곱만큼도 행복하지 않았다. 집이 너무도 그리웠다! 키티는 목에 묶인 파란 리본을 발톱으로 잡아 뜯어 버렸고, 밖으로 나가는 길인 줄 알고 뛰어가다가 유리창에 부딪치기도 했다. 키티가 사람과 개를 피한 것은 항상 자기를 못살게 굴고 미워했기 때문이었다. 고양이는 창가에 앉아 이웃집 지붕과 뒤뜰을 내다보며 밖으로 나갈 수만 있다면 얼마나 좋을까 생각하곤 했다.
　하지만 로열 애널로스턴은 엄격한 감시를 받고 있어서 집 밖으로는 나갈 수 없었다. 그래서 쓰레기통을 뒤지는 행복한 일도 모두 이 기쁨의 그릇이 집 안에 있을 때만 가능했다. 그러던 3월 어느 날 밤, 새벽같이 찾아오는 청소부를 위해 쓰레기통을 밖에 내놓는 틈을 타, 로열 애널로스턴은 감쪽같이 집을 빠져나갔다.

　물론 큰 소동이 벌어졌다. 하지만 길고양이는 그 사실을 몰랐고 신경 쓰지도 않았다. 오로지 집에 가야 한다는 생각뿐이었다. 그래머리 그랜지힐 쪽으로 간 것은 우연일지도 모르지만, 아무튼 길고양이는 몇 가지 사소한 모험을 겪은 뒤에 그곳에 도착했다.

　이제 어떻게 할 것인가? 고양이는 집도 찾지 못했고 먹을 것도 없었다. 당장에 굶주림이 닥쳐왔지만 묘한 행복감도 느꼈다. 길고양이는 잠시 어느 집 앞마당에 웅크리고 앉아 있었다. 그때 더없이 반가운 소식이 쌀쌀한 동풍에 실려 왔다. 사람들은 그것을 비릿한 선창 냄새라고 하겠지만, 키티한테는 그리운 집 소식이었다.

　길고양이는 앞마당 울타리 위를 걸어 이 집에서 저 집으로 넘어가며 길게 뻗은 거리를 따라 동쪽으로 갔다. 가다가 한순간 동상처럼 멈추기도 하고, 가장 어두운 그늘을 골라

길을 건너기도 하면서 마침내 물이 있는 부둣가에 이르렀다. 하지만 그곳은 낯설었다.

 남북으로 길게 뻗은 길에서 키티는 뭔가에 이끌린 듯 남쪽으로 돌아섰다. 그리고 선창과 짐수레, 개와 고양이, 후미진 물가와 반듯한 판자 울타리 틈에서 요리조리 피하며 한두 시간쯤 달리자, 낯익은 풍경과 냄새가 확 밀려왔다. 해가 뜨기 전에 키티는 지친 몸과 아픈 다리를 이끌고 익숙한 울타리 구멍으로 들어가, 담장을 넘어서 잽 멀리네 지하실이 있는 뒷마당에 도착했다. 마침내 키티는 자신이 태어난 바로 그 과자 상자로 돌아온 것이다.

 아, 로열 애널로스턴이 동양의 고향으로 돌아온 모습을 5번가 식구들이 보았더라면!

 키티는 한동안 푹 쉬고 나서 소리 없이 상자 밖으로 나왔다. 그러고는 예전처럼 먹이를 찾아 지하실 계단 쪽으로 갔다. 문이 열리더니 흑인이 나타났다.

 흑인이 지하실 안의 잽에게 소리쳤다.

 "사장님, 이것 좀 보세요. 로열 애널로스턴이 돌아왔어요!"

 잽이 나타나자 고양이는 담장 위로 펄쩍 뛰어올랐다.

 둘은 큰 소리로 고양이를 구슬렸다.

 "야옹아, 야옹아, 우리 야옹아! 착하지, 야옹아!"

하지만 야옹이는 친한 척하는 두 사람이 별로 달갑지 않아서 먹이를 찾아 예전에 사냥하던 곳으로 가 버렸다.

잽은 로열 애널로스턴 덕분에 한몫 단단히 챙긴 뒤, 지하실에다 생활에 편리한 물건들도 많이 들여놓았고 동물도 몇 마리 더 잡아들였다. 그리고 지금은 로열 애널로스턴을 다시 잡는 것이 가장 중요한 사업이었다.

잽은 구린내 나는 썩은 고기와 갖가지 확실한 미끼를 쉴 새 없이 놓았다. 굶주림에 지친 키티는 상자 속에 들어 있는 커다란 생선 대가리 쪽으로 살금살금 다가갔다. 그 순간 지켜보던 흑인이 끈을 잡아당겨 상자 뚜껑을 닫았고, 애널로스턴은 다시 지하실의 포로가 되었다.

그동안 잽은 '동물을 찾습니다' 기사를 살펴보았다. 과연 '25달러' 어쩌고 하는 광고가 나와 있었다. 그날 밤 멀리 씨네 집사는 잃어버린 고양이를 데리고 5번가의 호화 주택을 찾아갔다.

"저의 주인님 멀리 씨가 안부 전해 달라고 하시더군요. 최근 주인님의 저택 근처에 애널로스턴이 찾아왔지 뭡니까. 다행히 주인님께서 애널로스턴을 다시 잡으셨지요."

물론 멀리 씨는 사례를 바랄 사람이 아니었다. 하지만 집사는 사례를 주겠다는 데 마다할 까닭이 없었고 오히려 약속한 보상금보다 더 많이 주기를 바라는 마음을 솔직히 드러냈다.

그 뒤로 5번가 사람들은 키티를 더욱 세심하게 보살폈다. 키티는 굶주리던 생활에 넌더리를 내고 안락한 생활에 만족했을까? 천만에, 키티는 더욱 앙칼지고 사나워졌다.

8

바야흐로 뉴욕에는 봄이 무르익었다. 작고 꾀죄죄한 집참새들이 도랑 속에서 뒹굴며 요란스레 싸움질을 하고 고양이들이 밤새도록 울부짖을 때, 5번가 사람들은 시골 별장을 떠올렸다. 사람들은 짐을 꾸리고 문단속을 한 다음, 80

킬로미터쯤 떨어진 별장으로 떠났다. 물론 키티도 바구니에 담아 데려갔다.

"이건 애널로스턴한테 꼭 필요한 일이야. 다른 곳에서 지내다 보면 전 주인을 잊고 행복하게 지낼 수 있을 거야."

덜컹거리는 것이 고양이 바구니를 싣고 떠났다. 새로운 소리와 냄새들이 바구니 속으로 언뜻언뜻 밀려들었다가 다시 사라졌다. 한 차례 방향이 바뀌었다. 그러자 수많은 발소리가 요란스레 울리고 바구니가 더욱 심하게 흔들렸다. 잠시 잠잠하더니 다시 방향이 바뀌고 철커덩철커덩하는 소리와 탕탕 하는 소리, 길고 날카로운 호루라기 소리가 들리더니, 아주 큰 현관문에 달려 있을 법한 방울 소리가 요란하게 울려 퍼졌다. 곧이어 쿠르릉, 쉭쉭 소리가 들리면서 메스껍고 불쾌한 냄새가 났다. 여기서는 끔찍하게 역겨운 냄새가 숨 막힐 듯 짙어지더니, 저기서는 무시무시하게 지독한 악취가 났고, 냄새와 함께 실려 온 소음이 가엾은 키티의 울음 소리를 삼켜 버렸다. 더 이상 참을 수 없는 지경에 이른 순간, 키티는 가까스로 한숨을 돌릴 수 있었다.

 다시 철커덩거리는 소리가 들렸다. 빛도 들어오고 공기도 통했다. 다음 순간 어떤 사내가 "모두 125번가로 나가시오." 하고 큰 소리로 외쳤다. 물론 키티한테는 사람의 고함 소리로밖에 들리지 않았지만.

 이제 소동은 막바지에 이른 듯했다. 아니, 완전히 끝났다. 얼마 뒤에 흔들림과 왁자지껄한 소음이 다시 시작되었지만, 지독한 냄새는 풍기지 않았다. 상쾌한 부둣가 냄새와 뿌우 하는 길고 공허한 소리가 스쳐 지나갔다. 그리고 덜커덩덜커덩, 삐거덕삐거덕 하다가 뚝 멈추고, 다시 철커덩거리며 여러 가지 냄새가 풍겨 왔다. 이번에는 펄쩍 뛰었다가 흔들리더니 다시 냄새가 나고, 또 흔들렸다. 아까보다 더 심하게 흔들리기도 하고 약간 덜 흔들리기도 했다. 가스와 연기가 뿜어져 나오고 끼이익 소리가 나면서 딸랑거리는 소리, 우르릉우르릉 콰르릉 쾅쾅 소리와 함께 새로운 냄새들이 다가왔다. 톡톡, 탁탁 소리가 나면서 때때로 쑤욱 올라갔다가 덜커덩 내려오며 더욱 많은 냄새가 풍겼다. 하지만 방향이 바뀌는 낌새는 전혀 없었다.

 마침내 움직임이 멈추고, 반짝이는 햇살이 바구니 틈으로 새어 들어왔다. 왕족 고양이는 아까처럼 덜컹거리는 것에 태워졌다. 그것은 지금까지 지나온 길에서 벗어나 삐걱

삐걱, 덜컹덜컹 바퀴 소리를 내며 나아갔다. 끔찍한 소리도 들렸다. 크고 작은 개가 짖는 소리가 소름 끼칠 만큼 가깝게 들려왔다. 이윽고 바구니가 쑤욱 들렸다. 드디어 시골 별장에 도착한 것이다.

모두들 귀찮을 정도로 친절했다. 사람들은 왕족 고양이를 기쁘게 해 주려고 안달했지만, 아무도 성공하지 못했다. 하지만 로열 애널로스턴이 부엌을 어슬렁거리다가 만난 덩치 크고 뚱뚱한 요리사만은 예외였다.

이 풍만한 몸집의 요리사는 고양이가 지난 몇 달 동안 만난 그 어떤 것보다 빈민가 냄새를 짙게 풍겼다. 그래서 로열 애널로스턴은 요리사한테 끌렸다. 요리사는 사람들이 고양이가 도망칠까 봐 걱정하는 것을 알고 이렇게 말했다.

"곧 적응할 거예요. 고양이가 자기 발을 핥는 것은 마음이 편하다는 뜻이거든요."

그러더니 요리사는 가까이 다가가기도 힘든 왕족 고양이를 솜씨 좋게 앞치마로 감싸 안고는, 감히 고양이의 발바닥에 지저분한 냄비 기름을 바르는 끔찍한 짓을 저질렀다. 물론 고양이는 처음에는 싫어했다. 그곳에 있는 것은 죄다 싫었기 때문이다. 하지만 이내 주저앉아 앞발을 핥다 보니 그 기름이 마음에 들었다. 고양이는 한 시간 동안 네발을 모두 핥았고, 요리사는 이제 '절대로 도망가지 않을 것'이라고 장담했다. 과연 고양이는 별장을 떠나지 않았다. 하지만 놀랍게도 지저분한 부엌과 요리사와 쓰레기통을 좋아했다.

식구들은 이 엉뚱한 행동이 걱정스럽기도 했지만, 한편으로는 로열 애널로스턴의 기분이 좋아져서 자기네가 다가가기 쉬워졌기 때문에 마음이 놓이기도 했다. 한두 주가 지나자 사람들은 고양이에게 좀 더 많은 자유를 주었고 모든 위협으로부터 보호해 주었다.

개들한테는 왕족 고양이를 존경하라고 가르쳤다. 이웃 남자들이나 소년들은 그 유명한 명문가 출신의 고양이한테 돌을 던질 생각은 꿈에도 할 수 없었다. 고양이는 뭐든지 먹고 싶은 대로 먹을 수 있었지만, 여전히 행복하지 않았다. 오히려 까닭 모를 그리움으로 애가 탔다.

무엇 하나 부족한 것이 없었다. 그러나 뭔가 다른 것이 필요했다. 먹을 것과 마실 것은 많았다. 하지만 언제든 쉽게 마실 수 있도록 접시에 담아 준 우유는 맛이 없었다. 우유란 모름지기 속이 쓰리도록 굶주리고 목이 마를 때 우유통에서 훔쳐 마셔야 제맛이다. 그런 짜릿한 맛이 없다면 그건 우유도 아니었다.

또 별장 주변에는 커다란 쓰레기장이 있긴 했지만, 그곳은 온통 지독한 냄새를 풍기는 장미꽃으로 오염되어 있었다. 말이나 개들도 고약한 냄새를 풍겼다. 주위에는 집 한 채, 굴뚝 하나 보이지 않았고, 온통 구역질 나는 정원과 건초 들판이 펼쳐진 불쾌하고 생명 없는 황무지였다.

그 모든 것이 얼마나 증오스럽던지! 그 끔찍한 곳에는 달콤한 냄새가 나는 관목이 딱 하나 있었는데, 그 나무는 사람의 손길이 닿지 않는 구석에 있었다. 고양이의 유일한 즐거움은 그 나무를 물어뜯고 낙엽 속에서 뒹구는 것이었다. 집 주위의 정원에서 빛나는 장소는 그곳뿐이었다. 키티는 이곳에 온 뒤로 썩은 생선 대가리 하나 발견하지 못했고, 쓰레기통다운 쓰레기통도 보지 못했다. 한마디로 이곳은 지금까지 살았던 곳 중에서 가장 냄새가 고약하고 시시하고 지긋지긋했다.

처음부터 집 안팎을 마음대로 드나들 수 있었
다면 도착한 날 밤 바로 도망쳤으리라.
그런데 키티가 요리사한테 느꼈던 동
질감은 어느새 끈끈한 정으로 발전
해서, 몇 주 뒤에 출입이 자유로워
졌을 때도 차마 그 집을 떠날 수가
없었다. 하지만 불만스럽던 여름
이 지나간 어느 날, 왕족 고양이의
빈민가 본능을 일깨우는 사건이 잇따라
일어났다.

  선창에서 온 커다란 짐 꾸러미가 시골 별장에 도착했다. 그 안에 뭐가 들었는지는 중요하지 않았다. 단지 거기에 짙게 밴 짜릿한 부두 냄새와 빈민가 냄새가 키티의 마음을 사로잡았다. 추억은 냄새 속에 가장 강하게 살아 있는 법이다. 그 순간 키티의 머릿속에서는 지난 기억들이 위험하리만치 생생하게 되살아났다.

  이튿날에는 바로 그 짐 때문에 문제가 생겨 요리사가 별장을 '떠났다'. 고양이를 붙잡아 두던 끈이 끊어진 셈이었다. 게다가 그날 저녁 그 집에서 가장 나이 어린 소년, 그러니까 왕족이 뭔지도 모르는 얄미운 꼬마 미국인이 자기 딴에는 고양이를 위한답시고 꼬리에다 깡통을 묶으려 했다.

그 무례한 행동에 화가 난 고양이는 이런 경우에 쓰라고 있는 커다랗고 날카로운 발톱을 휘둘렀다.

탄압받는 소년의 울음소리가 울려 퍼지자, 소년의 어머니는 화가 나서 여성스러운 몸짓으로 재빨리 책을 내던졌다. 하지만 키티는 아슬아슬하게 피해 위층으로 내뺐다. 쥐는 쫓기면 아래층으로 도망치고, 개는 같은 높이에서 계속 달리지만, 고양이들은 위쪽으로 달아난다.

고양이는 다락에 숨어 밤이 오기를 기다렸다. 밤이 되자 고양이는 살금살금 아래층으로 내려와 방충망을 하나씩 밀어 보았다. 마침내 빗장이 걸려 있지 않은 곳을 찾아낸 고양이는 8월의 어둠 속으로 도망쳤다.

사람의 눈에는 칠흑같이 깜깜한 밤도 키티한테는 그저 어슴푸레한 어둠에 지나지 않았다. 어둠 속에서 키티는 꼴도 보기 싫은 관목들과 꽃밭을 헤치고 나아갔다. 그러고는 정원에서 유일하게 마음에 들던 그 작은 덤불을 마지막으로 한 번 물어뜯고, 봄에 왔던 길을 용감하게 되짚어 갔다.

어떻게 눈으로 보지 못한 길을 되짚어 갈 수 있을까? 모든 동물한테는 어느 정도의 방향 감각이 있다. 사람한테는 거의 없다시피 하지만 말들한테는 아주 발달되어 있고, 고양이도 무척 뛰어난 편이다. 키티 역시 이 신비로운 안내자를 따라 서쪽으로 갔다. 막연한 선택이었지만, 그 길이 여행하기 편하다는 이유만으로 확신을 가졌다. 키티는 한 시간 만에 3킬로미터를 달려 허드슨강에 이르렀다. 믿음직한 코는 그 길이 맞다고 몇 번씩이나 확인시켜 주었다.

예전에 맡았던 냄새들이 새록새록 떠올랐다. 낯선 거리를 1킬로미터쯤 걸었던 사람이 그곳 풍경을 까맣게 잊고 있다가도 다시 그곳에 가면 "그래, 전에 와 본 곳이야." 하고 기억을 떠올리듯이 말이다. 그렇듯 키티도 주로 방향 감각에 의존하여 길을 재촉했고 코는 "그래, 맞아. 지난봄에 이곳을 지나왔어." 하고 계속 확신을 주었다.

강가에는 기찻길이 나 있었다. 강을 건널 수는 없으므로 남쪽이나 북쪽으로 가야 했다. 이번에는 방향 감각이 확실하게 '남쪽으로 가라'고 일러 주었고, 그래서 키티는 기찻길과 울타리 사이에 난 오솔길을 따라 종종거리며 달려갔다.

세 번째 삶

고양이들은 나무나 담장 위로는 순식간에 올라갈 수 있지만, 먼 거리를 몇 시간 동안 꾸준히 걷는 일은 개보다 서투르다. 여행은 즐겁고 길도 곧게 나 있었지만, '장미 지옥'을 지나 3킬로미터를 가는 데만 한 시간이 걸렸다.

키티는 지쳤고 발도 조금 아팠다. 잠시 쉬려는데, 개 한 마리가 울타리 쪽으로 달려오면서 무시무시하게 짖어 대는 바람에 겁에 질려 얼른 도망쳤다. 키티는 길을 따라 죽어라

고 도망치면서 혹시 개가 울타리를 넘어오지는 않는지 살폈다. 아니, 아직은 아니었다! 하지만 개는 사납게 으르렁거리며 울타리 쪽에 바짝 붙어서 달려왔고, 그동안 고양이는 울타리 반대쪽을 따라 달렸다. 어느 틈에 개 짖는 소리가 낮게 으르렁거리는 소리로 변하더니, 으르렁거리는 소리가 점점 커지고 요란하게 덜커덩거리는 소리가 들리다가 귀청이 찢어질 듯한 소리가 났다.

그때 한 줄기 빛이 비쳤다. 키티가 힐끗 돌아보니 개는 사라지고 시커멓고 거대한 괴물이 달려오고 있었다. 빨갛게 불타는 외눈을 번뜩이는 괴물이 수백 마리의 고양이가 한꺼번에 울부짖는 듯한 요란한 소리를 내며 달려왔다. 키티는 울타리를 뛰어넘어 도망칠 생각도 못 한 채 젖 먹던 힘까지 짜내어 앞만 보고 달렸다.

키티는 개처럼 뛰고 달렸지만 아무 소용이 없었다. 거대한 괴물은 금방 고양이를 따라잡았다. 하지만 어두워서 키티를 미처 보지 못했는지 쌩하니 지나쳐 어둠 속으로 사라졌고, 키티는 아까 개가 짖어 대기 시작한 뒤로 800미터쯤 고향에 더 가까워진 곳에서 숨을 헐떡이며 웅크리고 앉아 쉬었다.

키티가 그 낯선 괴물과 마주친 것은 이번이 처음이었다. 하지만 괴물의 냄새는 많이 맡아 본 것이었다. 집을 떠나올 때 맡았던 냄새가 분명했다.

키티는 그 괴물이 조금씩 만만하게 보였다. 그 괴물은 어찌나 어리석은지 키티가 울타리 밑으로 기어들어 가 꼼짝 않고 있으면 그냥 지나가 버렸다. 키티는 아침이 밝기 전에 그 괴물을 몇 번 더 보았지만 그때마다 무사히 도망쳤다.

동틀 무렵, 키티는 집으로 가는 길에 있는 작고 쾌적한 빈민가에 도착했다. 그리고 운 좋게도 쓰레기 더미에서 소독약 냄새가 나지 않는 음식 몇 덩어리를 찾아냈다. 그날 키티는 마구간 근처에서 지냈는데, 개 두 마리와 사내아이들을 만나 하마터면 목숨을 잃을 뻔했다. 그 빈민가는 키티의 고향과 아주 비슷했지만, 거기에 눌러앉을 생각은 털끝만큼도 없었다.

이튿날 저녁, 키티는 오랜 열망에 이끌려 다시 집으로 출발했다. 낮 동안 천둥소리를 내며 지나가는 외눈박이 괴물들한테 익숙해진 덕분에 그날 밤에는 큰 어려움 없이 여행을 계속할 수 있었다. 그다음 날에는 헛간에 있다가 생쥐를 잡아먹었고, 밤에는 여느 때처럼 길을 떠났지만 개한테 쫓기는 바람에 왔던 길을 한참 되돌아갔다. 길이 구불구불한 탓에 몇 번이나 길을 잃고 헤매기도 했지만, 그때마다 키티는 어렴풋하게나마 남쪽으로 방향을 잡고 다시 나아갔다.

낮에는 개나 사내아이들한테 들키지 않도록 헛간에 숨어 지내고, 밤에는 아픈 다리를 절룩거리며 걸었다. 그렇게 1킬로미터, 2킬로미터씩 줄기차게 남쪽으로 나아갔다. 여행하는 동안 키티는 줄곧 개와 사내아이들, 우르릉거리는 괴물과 굶주림에 시달렸다. 하지만 키티는 꾸준히 길을 갔고, 이따금 코가 자신 있게 '지난봄에 맡았던 냄새가 틀림없다'고 말해 주면 기운이 샘솟았다.

10

그렇게 일주일이 흘렀다. 이제 키티는 리본도 없는 꾀죄죄한 몰골로 아픈 발을 질질 끌며 가까스로 할렘 다리에 도착했다. 다리에서는 맛있는 냄새가 감돌았지만, 키티는 다리의 생김새가 영 마음에 들지 않았다.

키티는 밤이 깊도록 물가를 어슬렁거렸지만, 다리를 건너지 않고 남쪽으로 가는 방법을 찾아내지 못했다. 이 다리가 아니면 다른 다리라도 건너야 했다. 게다가 이곳 남자들은 어린아이들 못지않게 위험했다.

결국 고양이는 그 다리로 돌아왔다. 그 다리 냄새가 친숙한 탓도 있었지만, 이따금 외눈박이 괴물이 그 위를 지나갈 때마다 지난봄 여행 때 들었던 독특한 덜커덩 소리가 났기 때문이기도 했다.

밤이 깊어 사방이 고요해지자, 키티는 나무로 된 다리 위로 뛰어올라 살금살금 강을 건넜다. 키티가 다리를 3분의 1쯤 건넜을 때 맞은편에서 외눈박이 괴물이 요란한 소리를 내며 달려왔다.

순간 키티는 겁에 질렸지만, 그 괴물들이 어리석고 눈이 나쁘다는 것을 알고 있었기 때문에 옆쪽의 낮은 각목 위로 뛰어내려 웅크리고 숨었다. 물론 그 어리석은 괴물은 키티

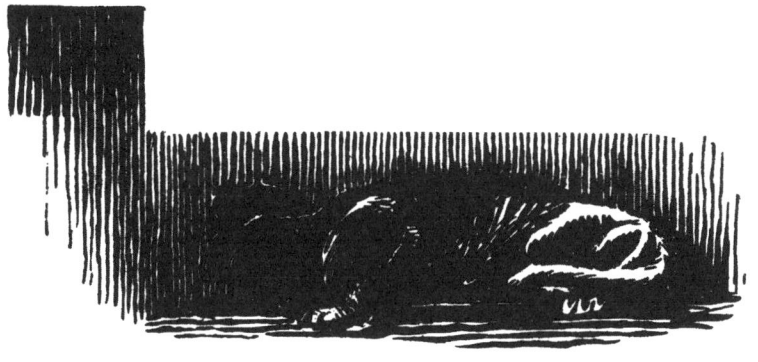

를 못 보고 지나쳤다. 한데 그놈이 다시 돌아온 걸까, 아니면 또 다른 괴물이 나타난 걸까. 뒤쪽에서 갑자기 그 괴물이 으르렁거리며 나타났다. 키티는 긴 철로로 뛰어올라 자기 고향 쪽 물가로 향했다. 그런데 맞은편에서 세 번째 붉은 외눈박이 괴물이 달려오는 게 아닌가.

  키티는 온 힘을 다해 도망쳤지만 앞뒤에서 달려드는 괴물들 사이에 꼼짝없이 갇히고 말았다. 밑에 뭐가 있는지도 모르는 채 눈 딱 감고 뛰어내리는 수밖에 없었다. 키티는 휘이익 떨어져 깊은 물속에 풍덩 빠졌다. 8월이라 물이 차지는 않았지만, 기분이 몹시 나빴다. 키티는 물 위로 고개를 내밀고 캑캑 기침을 하고는, 괴물들이 물속까지 쫓아오지 않았는지 주위를 살피고 나서 물가로 향했다.

키티는 헤엄을 배운 적이 없었지만 자연스레 헤엄을 쳤다. 고양이는 헤엄칠 때나 걸을 때나 자세가 똑같기 때문이다. 기분 나쁜 곳에 떨어진 키티는 그곳에서 걸어 나오려 했고, 그렇게 해서 자기도 모르게 헤엄쳐 나오게 된 것이다.

어느 쪽으로? 오직 고향만을 생각하는 키티는 집에서 가장 가까운 남쪽 물가로 갔다. 키티는 물을 뚝뚝 흘리며 진흙 둑으로 올라가서 석탄 더미와 흙더미를 헤치고 나아갔다. 이렇게 시커멓고 꾀죄죄한 왕족 고양이가 또 있을까.

일단 충격이 가시자, 왕족 길고양이는 물에 빠진 것도 썩 나쁘지 않다는 생각이 들었다. 목욕을 한 덕분에 몸에는 온기가 돌았고, 속에서는 훈훈한 승리감이 일었다. 혼자 힘으로 덩치 큰 괴물을 세 마리나 따돌리다니 얼마나 자랑스러운가!

코와 기억과 방향 감각은 다시 기찻길을 따라가라고 했지만, 그곳은 천둥같이 시끄러운 괴물들이 너무 많이 지나다녔다. 그래서 키티는 현명하게도 기찻길에서 벗어나, 지난날의 추억을 더듬으며 강둑을 따라갔다. 그 덕분에 키티는 무시무시한 터널을 지나가지 않아도 되었다.

사흘 동안 키티는 이스트강 부두에서 수많은 위험과 복잡한 사건들을 겪었다. 실수로 연락선을 타는 바람에 롱아일랜드까지 실려 갔다가 아침 일찍 배를 타고 다시 돌아온 적

三

도 있었다.

 마침내 사흘째 밤에 키티는 낯익은 곳에 도착했다. 그곳은 저택을 처음 탈출한 날 밤에 지낸 곳이었다. 거기서부터 고양이는 확신에 차서 재빠르게 나아갔다. 드디어 자기가 어디로 가고 있는지, 어떻게 가야 하는지 분명히 알 수 있었다.

 갈수록 점점 더 낯익은 풍경이 눈앞에 펼쳐졌다. 키티는 부푼 가슴을 안고 걸음을 재촉했다. 얼마 안 있으면 왕족 고양이의 고향인 동양, 그러니까 쓰레기장에서 쉴 수 있을 터였다. 모퉁이를 한 번 더 돌자 키티가 살던 동네가 눈에 들어왔다.

 그런데 이럴 수가! 사라져 버렸다! 키티는 제 눈을 믿을 수가 없었다. 어슴푸레한 새벽녘이었으므로 키티가 잘못 보았을 리는 없었다. 한때 집들이 반듯이 또는 비뚜름히 늘어서 있거나 군데군데 흩어져 있던 그곳은 돌과 나무와 움푹 팬 구덩이만 남은 거대한 폐허로 변해 있었다.

키티는 폐허를 한 바퀴 돌았다. 방향도 맞았고 포장도로의 빛깔을 보아도 자신이 집에 온 것은 틀림없었다. 새 장수가 살던 지하 가게와 오래된 쓰레기장이 있던 자리다. 하지만 모든 것이 흔적조차 남아 있지 않았고 친숙한 냄새도 몽땅 사라지고 없었다. 키티는 이 절망적인 사건에 크게 낙담했다. 오직 집을 그리며 여기까지 왔는데, 있지도 않은 집을 위해 모든 것을 포기한 꼴이 된 것이다. 그렇게 꿋꿋하던 의지도 처음으로 약해졌다. 키티는 고요한 폐허를 헤매고 다녔지만 위로가 되는 것도, 먹을 만한 것도 찾을 수 없었다.

주변의 다른 집들과 강가도 폐허가 되어 있었다. 불이 난 것은 아니었다. 키티도 불이 난 곳을 본 적이 있는데 이런 모습과는 달랐다. 이 폐허는 마치 붉은 눈 괴물들이 떼거리로 덮친 곳 같았다. 키티는 바로 이 자리에 거대한 다리가 세워지는 줄은 꿈에도 몰랐다.

해가 뜨자 키티는 숨을 곳을 찾아다녔다. 옆 동네는 별로 달라진 것이 없어서 그곳으로 갔다. 키티는 그 동네 길도 제법 알고 있었다. 그런데 놀랍게도 그곳에는 키티처럼 옛 터전에서 쫓겨난 고양이들이 우글거려 기분이 썩 좋지 않앉다. 쓰레기통이 나왔다 하면 서너 마리가 한꺼번에 달려들었다. 동네 일대 고양이가 모두 굶주리고 있는 게 분명했다. 며칠 동안 쫄쫄 굶은 키티는 하는 수 없이 5번가의 저택으로 돌아갔다. 하지만 대문은 굳게 닫혀 있었고 사람도 없었다. 고양이는 꼬박 하루를 기다렸다. 그러다가 파란 외투를 입은 덩치 큰 남자한테 쫓겨 다음 날 밤에 북적대는 빈민가로 돌아왔다.

 9월과 10월이 지나갔다. 수많은 고양이가 굶어 죽거나 적들의 공격을 견디지 못하고 죽어 갔다. 하지만 젊고 튼튼한 길고양이 키티는 여전히 살아 있었다.

 폐허가 된 동네에 큰 변화가 생겼다. 키티가 처음 왔던 날은 밤이라서 조용했지만 낮에는 일꾼들로 종일 시끌시끌했다. 키티가 도착했을 때 한창 건설 중이던 고층 건물도 10월 말 무렵에 마침내 완공되었다. 굶주림에 지친 키티는 한 흑인이 밖에 내다 놓은 양동이 쪽으로 살금살금 다가갔다. 불

행히도 그 양동이에는 쓰레기가 없었다. 키티가 난생처음 본 그 양동이는 건물 바닥 청소용 양동이였다. 키티는 실망이 컸지만 위안거리도 있었다. 양동이 손잡이에 친숙한 냄새가 남아 있었던 것이다.

키티가 냄새를 꼼꼼히 살피고 있는데, 흑인 엘리베이터 운전사가 다시 밖으로 나왔다. 파란색 옷을 입은 그의 몸에서 손잡이에 묻어 있던 냄새가 확 풍겼다. 사람이 나타나자 키티는 길 건너편으로 물러났다.

흑인이 고양이를 찬찬히 살펴보았다.

"저거 혹시 로열 애널로스턴 아냐? 이리 와 봐, 야옹아. 야옹아! 이리 오온, 착하지! 배가 몹시 고픈 모양이구나."

배가 고프다고! 키티는 몇 달 동안 제대로 먹어 본 적이 없었다. 흑인은 건물 안으로 들어가서 자기 점심거리를 한 조각 가져왔다.

"이리 온, 야옹아. 야옹아, 야옹아!"

먹을 것은 매우 맛있어 보였지만, 키티는 그 남자를 믿을 수 없었다. 결국 흑인은 길바닥에 고기를 놓아두고 들어갔다. 키티는 잔뜩 경계하면서 고기 쪽으로 다가갔다. 그러고는 고기 냄새를 맡고 덥석 물더니 느긋하게 먹을 수 있는 곳으로 작은 암호랑이처럼 쏜살같이 달아났다.

네 번째 삶

11

 이렇게 해서 새로운 시대가 열렸다. 키티는 배고플 때마다 그 건물로 찾아갔고, 차츰 그 흑인을 좋아하게 되었다. 예전에는 그 흑인이 어떤 사람인지 잘 모르고 그저 적이라고 여겼지만, 이제 그는 키티의 유일한 친구였다.

 한번은 행운이 잇따라 찾아오기도 했다. 7일 동안 계속해서 맛있는 먹이를 먹은 것이다. 게다가 마지막 끼니를 먹은 뒤 맛있는 시궁쥐까지 발견했다. 이미 죽은 쥐를 손에 넣다니 한마디로 호박이 넝쿨째 굴러 들어온 셈이었다.

 지금까지 다 자란 시궁쥐를 한 번도 잡지 못했던 키티는 숨겨 두었다가 나중에 먹으려고 시궁쥐를 물고 뛰어갔다. 그런데 새 건물 앞에서 길을 건너가려다 오랜 적수인 부둣가 개와 맞닥뜨렸다. 키티는 당연히 친구가 있는 건물 문 앞으로 도망쳤다. 고양이가 문가로 다가갔을 때, 마침 흑인은 문을 활짝 열고 잘 차려입은 남자를 배웅하려는 참이었다. 두 사람은 시궁쥐를 입에 문 고양이를 보았다.

 "이봐! 저 고양이 좀 보게!"

흑인이 대답했다.

"네, 사장님. 제 고양이입죠. 시궁쥐들은 우리 고양이만 보면 부들부들 떤답니다! 이제 이 근처에는 쥐들이 얼씬도 하지 않죠. 그래서 우리 고양이가 저렇게 말랐답니다."

건물 주인인 듯한 그 사내가 말했다.

"그럼, 저 고양이가 굶지 않도록 하게. 자네가 먹이를 줄 수 있겠나?"

"예, 고기 수레가 정기적으로 옵니다. 일주일에 25센트입죠."

흑인은 그 '아이디어'를 낸 자신도 15센트를 받을 자격이 있다고 생각하고 그렇게 대답했다.

"좋아. 그 돈은 내가 주겠네."

12

"고기요! 고기!"

고양이들을 자석처럼 끌어당기는 외침과 함께 남자가 손수레를 끌고 영광스러운 스크림퍼 골목에 나타나자, 여느 때처럼 고양이들이 모여들어 제 몫을 받아 갔다.

남자는 검은 고양이, 하얀 고양이, 누런 고양이, 잿빛 고양이를 일일이 기억해 두었지만, 가장 중요한 것은 주인이 누구인지 기억하는 일이었다. 손수레는 새 건물 근처의 모퉁이를 돌자 새 고객을 위해 멈추었다.

"자, 별 볼 일 없는 너희들은 다 비켜."

남자는 그렇게 소리치면서 파란 눈과 하얀 코를 가진 잿빛 고양이가 다가올 수 있게 지팡이를 흔들어 다른 고양이들을 쫓았다. 그 고양이는 유난히 큰 덩어리를 얻어먹었다. 현명한 흑인 샘이 건물 주인한테서 받은 돈을 공평하게 나누어 키티의 먹잇값으로 내기 때문이다. 길고양이 키티는 '일용할 양식'을 물고 커다란 빌딩의 은신처로 돌아왔다. 이제 키티는 그곳에 눌러 살았다. 예전에는 꿈도 못 꾸던 행복을 예감하며 네 번째 삶으로 접어든 것이다. 처음에는 모든 것이 힘들기만 했지만, 이제는 다 잘되어 가는 것만 같았다.

여행 덕분에 특별히 생각이 깊어진 것은 아니지만, 키티는 자기가 무엇을 원하는지 알았고 그것을 얻었다. 또 그토록 오래 품어 왔던 꿈을 이루기도 했다. 참새잡이에 성공한 것이다. 그것도 한 번에 두 마리나. 참새들은 도랑에서 서로 정신없이 싸우다가 키티한테 잡히고 말았다.

그 뒤로 키티가 시궁쥐를 잡은 것 같지는 않았다. 하지만 흑인은 후원금이 끊기지 않도록 죽은 쥐를 구해 복도에 놓아두었다가 건물 주인이 오면 바삐 치우는 척했다.

"아이고, 우리 고양이 녀석도 참. 저 로열 애널로스턴 혈통 때문에 쥐들이 벌벌 떤다니까요."

키티는 그 뒤로 새끼도 몇 번 낳았다. 흑인은 그중 몇몇은 아비가 누런 수고양이일 거라고 짐작했는데 그 생각은 틀리지 않았다.

흑인은 눈 하나 깜짝하지 않고 몇 번이나 키티를 남한테 팔아넘겼다. 흑인은 고양이가 며칠 뒤에는 반드시 돌아온다는 것을 너무나 잘 알고 있었다. 흑인은 분명 뭔가 명예로운 포부를 위해 돈을 모으고 있었다.

키티는 엘리베이터 타는 것을 참을 수 있게 되었을 뿐 아니라 혼자 엘리베이터를 타고 오르내릴 줄도 알게 되었다. 흑인의 주장에 따르면, 고양이는 맨 꼭대기 층에 있다가 고기 수레를 끄는 남자의 목소리가 들리면 버튼을 눌러서 엘리베이터를 타고 내려온다고 한다.

키티는 다시 털에 윤기가 흐르고 아름다워졌다. 이제 키티는 고기 수레에서 당당히 간을 받아먹는 귀족 고양이 가운데 하나일 뿐 아니라 그중에서도 가장 인기 있는 연금 생활자이다. 고기 수레를 끄는 남자도 키티한테 정중하게 대했다. 크림과 닭고기를 먹는 전당포 안주인의 고양이조차 이 왕족 고양이만 한 지위를 얻지는 못했다.

키티는 부와 사회적 지위, 왕족 이름과 가짜 혈통서를 가지고 있었지만, 땅거미가 질 무렵에 빈민가를 어슬렁거리는 것이 가장 큰 즐거움이었다. 예전에도 그랬듯이 언제까지나 키티의 진짜 모습은 빈민가의 꾀죄죄한 길고양이일 테니까.

REDRUFF
The Story of the Don Valley Partridge
목도리들꿩 레드러프의 비극

1

어미 목도리들꿩이 새끼들을 데리고 울창한 테일러 언덕을 내려가고 있었다. 언덕 아래에는 맑은 물이 흐르는 시내가 있었는데, 사람들은 그 시내를 별나게도 '진흙 개울'이라고 불렀다. 새끼들은 태어난 지 하루밖에 안 되었는데도 걸음이 제법 빨랐다. 어린 목도리들꿩들은 난생처음 물을 마시러 가는 길이었다.

숲에는 적이 득실거리기 때문에 어미 새는 몸을 낮추고 천천히 걸어갔다. 어미 새는 이따금 '꾸꾸' 하고 부드럽고 나직한 소리를 냈다. 분홍빛 다리로 아장아장 따라오는 동그란 얼룩무늬 솜털 뭉치들을 부르는 소리였다. 몇 센티미터만 뒤처져도 가냘프고 애처롭게 울어 대는 솜털 뭉치들은 너무나 연약했다. 새끼들에 비하면 박새조차 우락부락해 보일 정도였다.

새끼들은 모두 열두 마리였다. 어미 새는 새끼들을 일일이 지켜보며, 덤불이나 나무, 관목 숲 그리고 온 숲과 하늘을 살폈다. 어미 새는 잠시도 게으름을 피우지 않고 적이 있나 없나 두리번거렸다. 친구는 워낙 드물어서 찾아볼 필요도 없었다. 드디어 어미 새가 적을 찾아냈다. 여우라는 거대한 짐승이 평평한 풀밭을 가로질러 목도리들꿩들 쪽으로 다가오고 있었다. 머지않아 목도리들꿩의 냄새를 맡거나 발자국을 발견할 것이다. 꾸물거릴 틈이 없었다.

"꾸르르! 꾸르르!(숨어! 숨어!)" 하고 어미 새가 낮고 단호하게 소리치자, 태어난 지 하루밖에 안 된 도토리만 한 새끼들이 뿔뿔이 흩어지며 멀찍이(사실은 몇 센티미터 떨어진 곳에) 숨었다. 한 마리는 나뭇잎 밑으로 뛰어들었고, 또 한 마리는 나무뿌리 틈으로 기어들었다. 세 번째 새끼는 동그랗게 말린 자작나무 껍질 속으로 기어들어 갔고, 네 번째 새끼는 구멍 속에 쏙 숨었다. 그렇게 다들 어디론가 숨었지만, 딱 한 마리가 마땅히 숨을 곳을 찾지 못했다. 녀석은 급한 김에 넓적하고 누런 나뭇조각 위에 납작 엎드려 눈을 꼭 감고

는 이제 자기는 안 보인다고 생각하고 마음을 턱 놓았다. 새끼들은 겁에 질린 울음소리를 그치고 꼼짝도 하지 않았다.

어미 새는 그 무서운 짐승한테 곧장 날아가서는 겁도 없이 몇 미터 떨어진 곳에 내려앉았다. 그러고는 땅바닥에 쓰러져서 날개와 다리를 다친 척했다. 어미 새는 마치 곤경에 처한 강아지가 낑낑거리듯이 아주 심하게 절름거리며 날개를 파닥였다.

사정 좀 봐 달라고 부탁하는 것일까, 피에 굶주린 잔인한 여우한테? 아니, 절대로 그렇지 않다! 어미 새는 바보가 아니었다. 사람들은 흔히 여우가 교활하다고 한다. 하지만 지금부터 벌어질 일을 지켜보면, 어미 목도리들꿩에 비하면 여우는 바보나 다름없다는 사실을 알 수 있다.

사냥감이 제 발로 굴러 들어오자 여우는 신이 나서 몸을 홱 돌려 목도리들꿩에게 덤벼들었다. 하지만 목도리들꿩은 잡히지 않았다. 날개를 파닥거리더니 딱 30센티미터만큼 물러났다. 여우는 한 번 더 펄쩍 뛰어올랐다. 이번에는 틀림없이 잡은 줄 알았는데, 어쩐 일인지 어린나무에 걸리고 말았다. 목도리들꿩은 다시 몸을 질질 끌며 통나무 밑으로 도망쳤다. 여우는 공연히 헛물만 켜면서 통나무를 넘어갔다. 그사이에 어미 새는 다시 한번 비틀거리며, 하지만 아까보다는 조금 덜 절름거리며 뛰어가다가 둔덕 아래로 굴러떨어졌다. 여우가 잽싸게 쫓아가서 몇 번이나 어미 새의 꼬리를 낚아채려 했지만, 그때마다 이상하게도 어미 새는 아슬아슬하게 도망쳤다.

알다가도 모를 일이었다. 이름도 '빠른 발'인 이 여우가 날개 다친 목도리들꿩을 5분씩이나 쫓아다니고도 잡지 못하다니, 정말 창피한 노릇이었다.

이 이상한 목도리들꿩은 여우가 힘을 내면, 자기도 힘을 얻는 것 같았다. 그리고 400미터쯤 달려서 테일러 언덕을 완전히 벗어나자, 언제 날개를 다쳤느냐는 듯 멀쩡해져서는 약 올리듯이 푸르르 하는 소리와 함께 날아올라 여우를 남겨 놓고 숲속으로 유유히 사라졌다. 여우는 그제야 속은 것을 깨닫고 어안이 벙벙해졌다. 더욱 기가 찬 것은 이유도 모른 채 이렇게 당하는 경우가 한두 번이 아니라는 사실이었다.

어미 새는 미끄러지듯 커다란 원을 그리며 에둘러 날더니 숲속에 남아 있는 어린 새끼들에게 돌아갔다.

새들은 원래 장소를 잘 기억하는데, 어미 목도리들꿩 역시 마지막으로 발을 디뎠던 바로 그 풀잎 위에 다시 내려앉았다. 그리고는 내내 꼼짝도 하지 않은 새끼들을 대견한 듯 사랑스러운 눈길로 바라보았다.

어미 새의 발소리가 들려도 새끼들은 움직이지 않았다.

나뭇조각 위에 있던 새끼도 꼼짝달싹하지 않은 덕분에 눈에 잘 띄지 않았고, 지금도 전혀 움직이지 않았다. 그저 감은 눈을 조금 더 꼬옥 감을 뿐이었다. 그때 어미 새의 목소리가 들렸다.

"끄릿!(애들아, 어서 오렴!)" 하며 어미가 부르자 요정 이야기의 한 장면처럼 요 구석 조 구석에서 새끼들이 나타났다. 새끼들 중에서 가장 큰 놈, 나뭇조각 위에 웅크리고 있었던 바로 그 녀석도 동그란 눈을 반짝 뜨고 애교스레 '삐삐'거리며 어미의 널따란 꼬리 밑으로 뛰어들었다. 적들은 1미터 거리에서도 그 소리를 듣지 못하지만, 어미 새는 그보다 세 배쯤 멀리 있어도 새끼들의 소리를 놓치지 않는다. 골무만 한 솜털 덩이들은 모두 어미 꼬리 밑으로 뛰어들어 자기들 딴에는 요란스레 떠들어 대며 기쁨을 누렸다.

어느덧 볕이 뜨거워졌다. 길을 건너 물가로 가려면 탁 트인 곳을 지나야 했다. 어미 새는 적이 있는지 조심스레 살펴본 다음 부채처럼 활짝 편 꼬리 밑으로 새끼들을 불러들였다. 새끼들은 꼬리 밑에서 강한 햇볕을 피해 가며 개울가 들장미 덤불에 무사히 도착했다.

  그때 들장미 덤불에서 솜꼬리토끼가 뛰어나오는 바람에 목도리들꿩 가족은 기겁을 했지만 토끼 엉덩이에 붙어 있는 하얀 깃발을 보고는 마음을 놓았다. 솜꼬리토끼는 오랜 친구였다. 그날 새끼들은 토끼가 평화의 상징인 하얀 깃발을 항상 달고 다니며, 그에 걸맞게 평화롭게 살아간다는 것을 알게 되었다.

  목도리들꿩 가족은 마침내 물가에 다다랐다. 어리석은 사람들은 이곳을 '진흙 개울'이라고 부르지만, 사실 이 개울 물은 그 어떤 물보다 깨끗하고 신선했다.

  처음에 새끼들은 물을 마실 줄 몰랐지만, 어미를 따라 하며 이내 물 마시는 법을 배웠다. 한 모금 마실 때마다 하늘에 감사 인사를 하는 것도 잊지 않았다. 새끼들은 물가에 나란히 늘어서 있었다. 갈색과 금색이 섞인 동그란 솜털 뭉치 12개가 분홍빛 발가락이 달린 24개의 발로 안짱다리로 서서, 사랑스러운 금빛 머리를 진지하게 숙여 가며 제 어미처럼 물을 마시고 감사 기도를 드렸다.

어미 새는 다시 꽁지깃으로 햇볕을 가려 주면서 조금씩 나아가 풀밭 저편으로 새끼들을 데리고 갔다. 풀이 무성한 그곳에는 거대한 둥근 지붕이 솟아 있었다. 어미 새는 얼마 전부터 그 둥근 지붕을 눈여겨보았다. 새끼들을 키우려면 그런 둥근 지붕이 많이 필요하다.

그것은 바로 개미집이었다. 어미 새는 지붕 꼭대기에 올라서서, 잠시 주위를 둘러보고는 발톱으로 여섯 번쯤 힘차게 긁었다. 무른 개미집이 무너지면서 속이 드러났고, 흙으로 된 통로들이 부서져 내렸다.

개미들이 떼 지어 몰려나와 갈팡질팡하며 저희들끼리 싸웠다. 아무 생각 없이 힘만 넘치는 개미들은 집 주위를 무작정 기어 다니며 허둥거렸고, 좀 더 현명한 몇몇 개미들은 통통한 하얀 알들을 나르기 시작했다.

어미 목도리들꿩은 먹음직스러운 알주머니 하나를 입에 물고 새끼들 쪽으로 다가갔다. 어미 새는 꾸꾸르꾸꾸 소리를 내고 알 주머니를 떨어뜨렸다가는 다시 물었다. 그 동작을 몇 번이나 반복하고 나서 알 주머니를 꿀꺽 삼켰다. 그러자 어미 새 주위에 있던 새끼들 가운데 가장 큰 녀석, 나뭇조각 위에 앉아 있었던 녀석이 개미알을 물었다가 떨어뜨리기를 몇 번 반복하더니, 더 이상 못 참겠다는 듯이 꿀꺽 삼켰다. 드디어 먹는 법을 배운 것이다.

20분도 안 되어 가장 허약한 새끼도 개미알을 먹을 줄 알게 되었다. 새끼들은 맛있는 알을 신나게 쫓아다니며 즐겁게 식사를 했다. 어미 새는 개미집을 더 부수어 아래로 굴려 주었고, 새끼들은 배가 불룩해지도록 열심히 쪼아 먹었다.

이윽고 목도리들꿩 가족은 개울 상류로 조심스레 올라갔다. 그러고는 오후 내내 가시덤불에 가려진 모래 기슭에 앉아 화끈거리는 작은 발가락 사이로 파고드는 고운 모래의 서늘한 감촉을 즐겼다. 새끼들은 어미를 흉내 내고 싶어서 모로 누워 조그만 발로 모래를 긁고 날개로 툭툭 치는 시늉을 했다. 사실 새끼들에게는 아직 날개라 할 만한 것도 없었다. 몸 양쪽에 삐죽이 튀어나온 조그만 날갯죽지가 나중에 날개가 자라날 자리라는 것을 보여 줄 뿐이었다.

그날 밤 어미 새는 근처의 마른 덤불숲으로 새끼들을 데려갔다. 그곳에는 바싹 마른 낙엽이 깔려 있어 적의 발소리가 잘 들렸고, 하늘에서 다가오는 적들은 촘촘한 들장미 덤불이 막아 주었다. 어미 새는 새끼들을 품에 안고 얼러 주며 잔뜩 웅크린 새끼들이 잠결에 삐삐거리며 어미의 체온을 찾아 품속으로 파고드는 모습을 흐뭇하게 바라보았다.

2

셋째 날이 되자 새끼들의 다리는 훨씬 튼튼해졌다. 더 이상 땅에 떨어진 도토리를 피해 돌아가지 않아도 되었다. 하긴 도토리가 문제랴, 솔방울도 기어오르는데. 날개가 자랄 자리에서는 두툼한 깃대도 푸르스름하게 돋아났다.

목도리들꿩의 삶은 훌륭한 어미와 튼튼한 다리, 몇 가지 믿음직한 본능과 어렴풋한 이성에서 비롯된다. 새끼들이 어미의 말에 따라 숨는 것은 본능, 다시 말해 유전된 습관이다. 어미를 따르는 것은 본능이지만, 햇볕이 따가울 때 어미의 꽁지깃 그늘에 머물라고 하는 것은 이성이다. 그리고 그때부터 이성은 차츰 싹을 틔워 새끼들의 삶에서 점점 큰 자리를 차지하게 된다.

이튿날 깃대에서 깃털이 돋아났다. 깃털은 쑥쑥 자라나, 일주일 뒤에는 솜털이 보송보송하던 새끼 목도리들꿩들이 힘차게 날아다닐 수 있게 되었다.

하지만 모든 새끼가 그런 것은 아니었다. 가엾은 막내는 태어날 때부터 허약했다. 막내는 알에서 깬 뒤에도 몇 시간 동안 알껍데기 반쪽을 등에 달고 있었는데, 다른 형제들보다 걸음이 느렸고 자주 칭얼댔다. 그러던 어느 날 저녁, 스컹크가 공격해 오자 어미는 "끼잇, 끼잇!(날아라, 날아!)" 하고 말했지만, 막내는 미처 따라오지 못했다. 어미 새가 소나무 언덕에서 새끼들을 모았을 때, 막내는 보이지 않았고 그 뒤로 다시는 막내를 볼 수 없었다.

새끼들은 계속 훈련을 받았다. 시냇가의 키 큰 풀 속에는 맛있는 메뚜기가 많다는 것도 배웠고, 까치밥나무 덤불에서는 통통한 초록빛 벌레들이 후두두 떨어진다는 것도 배웠다. 멀리 숲을 등지고 우뚝 솟은 둥근 개미집 속에도 먹이가 그득하다는 것을 알았고, 딸기가 벌레만큼이나 맛있다는 것도 알게 되었다. 그리고 커다란 왕나비들은 잡기가 어렵긴 하지만 맛있고 안전한 먹이이며, 썩은 통나무에서 떨어져 나온 나무껍질에는 갖가지 맛난 먹이들이 풍부하다는 것도 배웠다. 그런가 하면 말벌과 나나니벌, 털벌레와 다리가 많이 달린 벌레는 건드리지 않는 게 좋다는 것도 알았다.

딸기가 많이 나는 7월이 되었다. 새끼들은 지난 한 달 동안 놀랄 만큼 쑥쑥 자라 이제는 밤에 어미가 감싸 주려면 서 있어야 할 정도가 되었다.

목도리들꿩들은 날마다 모래 목욕을 했는데, 얼마 전부터 좀 더 높은 곳으로 목욕터를 옮겼다. 여러 새들이 목욕하는 곳이었다. 처음에 어미는 남들이 목욕한 곳에서 목욕을 하는 게 내키지 않았다. 하지만 모래가 워낙 곱고 감촉이 좋아서 새끼들이 신나게 앞장서는 바람에 꺼림칙한 마음을 애써 떨쳐 버렸다.

그런데 두 주가 지나자 새끼들이 비실거리고 어미 새도 몸이 좋지 않았다. 새끼들은 늘 배가 고팠고, 엄청나게 먹어 대는데도 나날이 야위어 갔다. 어미 새는 마지막까지 버텼지만, 일단 병에 걸리자 심하게 앓았다. 먹어도 먹어도 배가 고팠고 머리가 지끈거리고 열이 났으며 점점 힘이 빠졌다.

어미 새는 도통 그 까닭을 알 수 없었다. 많은 동물이 사용하는 그 모래 목욕터에 기생충이 살고 있었고, 그 기생

충이 온 식구의 몸에 옮았다는 사실을 어떻게 알 수 있겠는가. 하지만 본능은 처음부터 그곳을 믿지 말라고 했고, 이제 더 이상 그곳에 가지 말라고 일러 주었다.

　자연적 충동은 반드시 이유가 있다. 어미 목도리들꿩의 치료법은 그저 자연적 충동에 따르는 것이었다. 어미 새는 알 수 없는 갈망에 휩싸여 먹을 수 있는 것은 뭐든지 먹어 보았고 가장 시원한 숲을 찾아갔다. 그러다가 그 숲에서 독을 지닌 열매가 주렁주렁 열린 옻나무를 보았다. 한 달 전이었다면 별로 먹음직스럽지도 않은 그 열매를 그냥 지나쳤을 것이다. 하지만 한번 먹어 보니, 그 시큼하고 싸한 맛이 그동안 몸이 애타게 갈망하던 바로 그 맛인 듯했다. 어미 새는 그 이상한 약을 연거푸 먹었고 새끼들에게도 먹였다. 의사도 이보다 더 좋은 약을 줄 수 없었을 것이다. 알고

보니 그 열매는 효과 좋은 설사약이었고, 그 덕분에 정체를 알 수 없던 무시무시한 적을 물리치고 위험한 고비를 무사히 넘겼다.

하지만 경험이 풍부한 간호사인 자연도 새끼들 중 두 마리는 살려 내지 못했다. 냉엄한 자연의 법칙에 따라 가장 허약한 새끼들은 끝내 일어나지 못했다. 쇠약해질 대로 쇠약해진 터라 치료를 견뎌 내지 못한 것이다. 두 마리는 개울가에서 물만 잔뜩 마시더니 이튿날 아침 다른 형제들이 어미를 따라나설 때 더 이상 움직이지 않았다. 그리고 희한하고도 우연한 복수가 이루어졌다. 한 스컹크가 죽은 새끼들을 발견하고 먹었다가 새끼들의 몸속에 있던 독 때문에 목숨을 잃었는데, 녀석은 막내를 잡아먹은 바로 그 스컹크였던 것이다.

이제 새끼 일곱 마리가 어미를 따라다녔다. 일곱 새끼들이 타고난 천성도 제각기 뚜렷해졌다. 허약한 새끼들은 먼저 죽었지만, 멍청한 녀석과 게으른 녀석은 아직 남아 있었다. 이 녀석들에게는 다른 새끼들보다 신경을 더 써야 했다. 어미가 가장 아끼는 자식은 예전에 누런 나뭇조각 위에 엎드렸던 새끼였다. 이 녀석은 형제들 가운데 가장 몸집이 크고 튼튼하고 잘생겼을 뿐 아니라 무엇보다도 어미 말을 잘 들었다.

어미가 경고하는 뜻으로 "르르르!(위험하다!)" 하고 소리친다고 해서 모든 새끼들이 위험한 길이나 미심쩍은 먹이를 외면하지는 않는다. 하지만 이 녀석은 어미가 부드럽게 "끄릿.(이리 온.)" 하고 말하면 어김없이 그 말에 따랐다. 이처럼 천성이 착실한 덕분에 녀석은 형제들 가운데 가장 오래 살아남았다.

털갈이의 달, 8월도 지나갔고 새끼들도 거의 다 자랐다. 녀석들은 스스로가 똑똑하다고 믿을 만큼 많은 것을 알고 있었다. 새끼들이 어릴 때는 어미가 보호해 줄 수 있도록 늘 땅바닥에서 잠을 잤지만, 다 자란 지금은 그럴 필요가 없었다. 어미도 새끼들에게 어른으로 살아가는 법을 가르치기 시작했다.

이제부터는 나뭇가지 위에서 자야 한다. 이 무렵은 족제비, 여우, 스컹크, 밍크 새끼들이 땅 위를 돌아다니는 시기이기 때문이다. 땅은 하루가 다르게 위험해진다. 그래서 어미는 해 질 무렵이면 "끄릿!" 하고 소리치며 키가 작고 가지가 무성한 나무 위로 날아갔다.

모두들 어미를 따라갔지만 딱 한 마리, 고집 세고 어리석은 녀석은 평소처럼 땅에서 자겠다고 우겼다. 그날 밤에는 아무 일도 없었지만, 이튿날 밤 형제들은 그 어린 새의 비명 소리에 잠이 깼다. 툭닥툭닥 싸우는 소리가 들리더니 이내 잠잠해졌고, 이윽고 오도독오도독 뼈를 씹는 섬뜩한 소리와 쩝쩝대는 소리가 정적을 깨뜨렸다.

새끼들은 발아래의 무시무시한 어둠을 내려다보았다. 번뜩이는 눈동자가 가운데로 몰려 있고 퀴퀴하고 독특한 냄새가 나는 것으로 보아 그 어리석은 형제를 잡아먹은 것은 밍크인 듯했다.

이제 여섯 마리의 새끼들이 남았다. 목도리들꿩들은 밤이면 나뭇가지 위에서 어미를 한가운데에 두고 나란히 앉아 있었는데, 그중 겁 많은 새끼 하나는 곧잘 어미 등에 업혀 있기도 했다.

새끼들은 계속 교육을 받았고, 그 무렵 '날갯짓 소리를 내며 날기'를 배웠다. 목도리들꿩은 마음만 먹으면 소리 없이 날 수도 있지만, 때로는 푸드덕거리며 나는 것도 아주 중요하다. 새끼들은 요란한 소리를 내며 날아야 할 때는 언제이고, 어떻게 하면 그렇게 날 수 있는지 배웠다.

'날갯짓 소리를 내며 날기'는 여러모로 쓸모가 있다. 위험이 다가올 때 다른 목도리들꿩들에게 알릴 수도 있고, 사냥꾼을 당황하게 할 수도 있으며, 적의 주의가 날갯짓 소리를 내는 목도리들꿩에게 쏠린 틈을 타 다른 목도리들꿩들이 소리 없이 달아나거나 몸을 웅크려서 감쪽같이 숨을 수도 있기 때문이다.

목도리들꿩들의 세계에는 이런 속담이 있을 법도 하다. '먹이가 없는 달은 없고, 적이 없는 달도 없다.' 9월은 딸기와 개미알 대신에 씨앗과 곡물을, 스컹크와 밍크 대신에 사냥꾼을 이끌고 찾아왔다.

새끼들은 여우는 잘 알고 있었지만, 개는 본 적이 거의 없었다. 여우는 나무에 올라가면 금방 따돌릴 수 있었다. 하지만 사냥꾼의 달인 9월에 커디 영감이 꼬리가 짤막한 누런 개를 데리고 협곡에 나타났을 때는 사정이 달랐다. 어미는 개를 발견하고 "끼잇! 끼잇!(날아라! 날아라!)" 하고 소리쳤다. 하지만 새끼들 중 두 마리는 고작 여우 때문에 어미가 허둥댄다고 생각하며 대수롭지 않게 여겼다. 그래서 어미가 애타게 "끼잇! 끼잇!" 하고 외치며 소리 없이 빠르게 달아나는데도 두둑한 배짱을 자랑하려고 촐싹대며 나무로 날아갔다.

그러자 꼬리가 뭉툭한 낯선 여우가 나무 밑으로 와서 새끼들을 보고 짖어 댔다. 새끼 두 마리는 낯선 여우와 제 어미와 형제들을 재미있다는 듯 구경했다. 그러다 덤불이 바스락거리는 소리도 듣지 못하고, '탕! 탕!' 하는 요란한 총소리와 함께 피투성이 몸을 파닥거리며 나무 밑으로 떨어졌다. 결국 둘은 누런 개한테 물려 덤불에서 달려온 사냥꾼 손에 넘어가고 말았다.

3

커디 영감은 토론토 북쪽 돈밸리 골짜기 근처의 초라한 오두막에서 살았다. 그리스 철학자들이 커디 영감의 생활을 보았다면 이상적인 삶이라고 칭찬했을지도 모른다. 커디 영감은 돈도 없고 세금도 내지 않았으며 사회적 야심에는 관심이 없었고 별다른 재산도 없었다. 일은 하는 둥 마는 둥 하고 빈둥빈둥 놀면서 숲과 들판을 마음껏 돌아다녔다.

커디 영감은 사냥을 즐겼고, 총을 쏘았을 때 동물이 진창으로 굴러떨어지는 모습을 보고 뿌듯해하면서 스스로를 진정한 사냥꾼이라고 여겼다. 이웃들은 그를 불법 거주자라고 불렀고 잠시 머물다 떠날 떠돌이라고 생각했다.

커디 영감은 1년 내내 총을 쏘고 덫을 놓았으며, 철 따라 다양한 동물을 사냥했다. 그리고 목도리들꿩 고기 맛만 보면 달력을 보지 않고도 몇 월인지 알아맞힐 수 있다고 자랑했다. 그것은 커디 영감의 혀가 예민하다는 확실한 증거이기도 했지만, 떳떳지 않은 일을 한다는 증거이기도 했다.

법적으로는 9월 15일부터 들꿩을 사냥할 수 있었다. 하지만 9월 초부터 커디 영감이 사냥을 다니는 모습이 보인다 해도 그리 놀랄 일은 아니었다. 커디 영감은 몇 년 동안 용케도 처벌을 받지 않았고 오히려 흥미로운 인물이라며 신문에까지 실렸다.

커디 영감은 날아가는 새를 쏜 적은 거의 없고 주로 나무에 앉아 있는 새를 쏘았다. 하지만 나뭇잎이 달려 있는 동안에는 그것도 쉽지 않았기 때문에, 세 번째 협곡에 사는 새끼 새들은 오래도록 목숨을 부지할 수 있었다. 하지만 새 사냥철이 코앞으로 다가오자, 커디 영감도 안달이 나서 '새 떼'를 사냥하러 나섰고, 어미 새가 나머지 새끼 네 마리를 이끌고 날아가는 소리를 듣지 못하고 자기가 죽인 두 마리만 챙겨서 오두막으로 돌아왔다.

　이렇게 해서 새끼 들꿩들은 개와 여우는 서로 다른 동물이므로 다르게 대처해야 한다는 사실을 절실히 깨달았다. 그와 더불어 '어미의 말을 잘 들으면 오래 산다'는 오랜 교훈도 가슴 깊이 새겼다.

　목도리들꿩들은 몇몇 천적과 사냥꾼들을 피해 다니면서 9월을 보냈다. 그리고 하늘을 나는 적을 막아 주는 무성한 활엽수의 길고 가느다란 가지에 앉아 잠을 잤다. 나무 위에서 자면 땅으로 다니는 적을 피할 수 있었고, 너구리 말고는 두려울 게 없었다. 물론 너구리도 나뭇가지를 밟을 때는 느리고 묵직한 발소리를 냈기 때문에 항상 미리 조심할 수 있었다.

　하지만 벌써 낙엽이 지고 있었다. 먹이가 없는 달은 없고, 적이 없는 달도 없는 법. 이제 견과류의 달이자 올빼미의 달이다. 북쪽에서 선명한 줄무늬를 가진 올빼미들이 내려오면서 올빼미 수가 두세 배로 늘어났다. 밤이 점점 추워지고 너구리들의 위협이 줄어들자, 어미 새는 잎이 무성한 솔송나무로 잠자리를 옮겼다.

　그런데 새끼들 중 한 마리가 "끄릿, 끄릿!" 하는, 빨리 오라는 경고를 무시했다. 그리고 잎이 거의 다 떨어진 낭창낭창한 느릅나무 가지에서 자다가 날이 밝기 전에 노란 눈이

부리부리한 올빼미한테 잡혀가고 말았다.

이제 새끼는 세 마리밖에 남지 않았다. 새끼들은 몸집이 어미 새만 했고 어릴 때 나뭇조각 위에 몸을 숨겼던 맏이는 어미 새보다도 컸다.

마침내 새끼들의 목에도 깃털이 돋아나기 시작했다. 갓 돋기 시작한 깃털은 다 자랐을 때 어떤 모습이 될지 알려 주는 싹에 불과했지만, 새끼들은 벌써부터 자랑이 하고 싶어 몸이 근지러웠다.

목도리들꿩들한테 목 깃털은 공작의 꼬리와 다름없다. 신체 중 가장 아름다운 곳이자 자랑거리였기 때문이다. 암컷의 목 깃털은 초록빛이 살짝 감도는 검은색이고, 수컷의 목 깃털은 암컷보다 훨씬 크고 짙으며 윤기가 흐르는 선명한 암녹색을 띤다.

이따금 유난히 몸집이 크고 힘이 좋은 목도리들꿩을 볼 수 있는데, 그런 목도리들꿩의 목 깃털은 다른 수컷들보다 클 뿐 아니라 독특한 빛깔을 띤다. 누구든 그 보랏빛, 초록빛, 금빛이 무지개처럼 빛나는 붉은 구릿빛 목 깃털을 보면 탄성이 절로 나올 것이다. 예전에 나뭇조각 위에 웅크리고 있었던 새끼 목도리들꿩, 늘 어미 새의 말을 잘 따르던 새끼는 도토리의 달이 가기 전에 황홀한 금빛과 구릿빛 목 깃털을 갖게 되었다. 이 목도리들꿩이 바로 돈밸리 골짜기의 저 유명한 목도리들꿩, 레드러프이다.

4

　도토리의 달 중반, 그러니까 10월 중순의 어느 날이었다. 레드러프네 가족이 양지바른 풀밭 가장자리에 있는 커다란 소나무 통나무 근처에서 모이주머니를 가득 채우고 햇볕을 쬐고 있는데, 멀리서 탕 하는 총소리가 들렸다. 그러자 레드러프가 무슨 마음을 먹었는지 갑자기 소나무 통나무 위

로 펄쩍 뛰어오르더니 의젓하게 두세 번 통나무 위를 왔다 갔다 했다. 날씨도 화창하고 공기도 상쾌해서 레드러프는 신이 나서 날개를 힘차게 퍼덕였다.
　수망아지가 들뜬 기분에 까불거리듯, 레드러프는 넘치는 활기를 주체하지 못하고 더욱 힘차게 날갯짓을 하다가

무심결에 둥둥둥 하고 북소리 비슷한 소리를 냈다. 새로운 능력을 발견한 레드러프는 너무나 기뻐서 주변의 숲이 다 자란 수컷 목도리들꿩의 북소리로 가득 찰 때까지 쉴 새 없이 날갯짓을 했다. 레드러프의 형제들은 놀라움과 감탄의 눈으로 그 모습을 바라보았다. 어미 새는 마찬가지로 놀라면서도 한편으로는 조금씩 레드러프를 두려워하기 시작했다.

 11월 초, 불가사의한 적이 찾아왔다. 인간에게도 아주 드물게 나타나는 자연의 신비한 법칙에 따라, 모든 목도리들꿩은 태어난 해 11월이 되면 미치광이가 된다. 목적지도 없이 마냥 떠나고 싶어서 몸살이 나는 것이다. 이때가 되면 가장 현명한 목도리들꿩조차 온갖 어리석은 짓을 저지른다.

 한밤중에 미친 듯이 들판을 날아다니다가 철사에 걸려 몸이 두 동강이 나기도 하고, 등대나 기관차 전조등에 부딪치기도 한다. 낮이면 건물 안이나 탁 트인 습지대, 대도시의 전선 위나 심지어 연안을 항해하는 배의 갑판 같은 전혀 예상치 않은 곳에서 목도리들꿩이 발견되기도 한다.

 그 광기는 이미 퇴화된 철새의 습성에서 비롯된 것으로 여겨지는데, 적어도 한 가지 장점은 있었다. 가족이 뿔뿔이 흩어지기 때문에 치명적인 결과를 낳을 수도 있는 가족끼리의 짝짓기를 막아 주는 것이다.

 이 광기는 아주 강렬해서 태어난 지 1년이 안 된 어린 목도리들꿩을 완전히 사로잡고, 이듬해 가을에 다시 찾아오기도 한다. 하지만 3년째에 접어들면 이 광기도 눈 녹듯 사라진다.

 레드러프의 어미는 야생 포도가 까맣게 익어 가고 붉고 노란 단풍잎이 지면 그 광기가 찾아온다는 것을 알고 있었다. 하지만 어미 새가 할 수 있는 일은 숲속에서 가장 한적한 곳에 머무르며 새끼들을 건강하게 보살피는 것뿐이었다.

 첫 번째 징조는 기러기 떼가 기럭기럭 울면서 남쪽으로 날아갈 때 나타났다. 기러기를 처음 본 새끼들은 목이 긴

매라고 생각하고 겁을 먹었다. 하지만 눈도 깜짝 않는 어미 새를 보고는 과감하게 기러기에 관심을 보였다.

세차고 날카로운 기러기 떼 울음소리 때문일까, 아니면 잠자고 있던 철새의 본능이 때마침 고개를 든 것일까? 어린 목도리들꿩들은 기러기를 따라가고 싶다는 낯선 갈망에 사로잡혔다.

기러기 떼가 활 모양으로 열을 지어 남쪽으로 사라지는 것을 지켜보던 새끼들은 좀 더 오래 보고 싶어서 더 높은 곳을 찾아갔고, 그때부터 모든 것이 달라졌다. 달이 점점 차올라 이윽고 보름달이 되자, 11월의 광기가 목도리들꿩들을 뒤흔들었다.

허약한 목도리들꿩일수록 광기의 영향을 더 많이 받았다. 레드러프네 가족은 뿔뿔이 흩어졌고 레드러프도 몇 차례 변덕스러운 밤 여행을 떠났다. 레드러프는 충동에 이끌려 무작정 남쪽으로 갔지만, 끝없이 이어지는 온타리오호를 만나는 바람에 다시 돌아와야 했다. 마침내 광기의 달이 끝나고 레드러프는 다시 진흙 개울 골짜기로 돌아왔지만, 다른 가족들은 영영 돌아오지 않았다.

5

겨울이 깊어 가면서 먹을 것이 귀해졌다. 레드러프는 자기가 태어난 골짜기와 테일러 언덕의 소나무 기슭에 머물렀다. 하지만 먹이가 없는 달은 없고, 적이 없는 달도 없는 법. 광기의 달은 광기와 고독과 포도를 가져다주었다. 눈의 달 12월은 들장미 열매와 함께 찾아왔으며, 폭풍의 달 1월은 자작나무의 겨울눈과 은빛 폭풍을 몰고 왔다. 은빛 폭풍에 숲이 얼음으로 뒤덮이자, 나뭇가지에 앉아서 얼어붙은 겨울눈을 뜯어 먹기가 힘들어졌다. 레드러프는 힘들게 겨울눈을 따 먹다가 부리가 심하게 닳아서 아무리 부리를 꼭 다물어도 완전히 닫히지 않았다. 또 발이 미끄러워 고생도 했지만, 자연은 여전히 대책을 마련해 주었다. 9월

에는 그토록 가늘고 매끄럽던 발가락에서 돋아난 뾰족한 각질이 날씨가 추워지면서 점점 자라나 첫눈이 내릴 무렵에는 미끄럼 방지용 신발 구실을 해 주었다.

  그래도 추운 날씨 때문에 매와 올빼미들은 대부분 어디론가 떠났고, 네발 짐승들은 레드러프한테 다가오다가도 금방 돌켰으니, 힘든 만큼 좋은 점도 있는 셈이었다.

  레드러프는 먹이를 찾아 점점 더 멀리까지 날아가야 했다. 그러다가 채진목*과 담쟁이덩굴 열매가 조롱조롱 맺혀 있고 윈터그린**의 붉은 열매가 흰 눈 속에서 빛나는 체스터 숲뿐 아니라, 자작나무가 자라는 로즈데일 개울과 포도와 마가목 열매가 열리는 캐슬프랭크 언덕을 발견하고 그곳들을 탐험했다.

  얼마 뒤 레드러프는 까닭은 알 수 없지만, 총을 든 사람들이 이상하게도 캐슬프랭크의 높다란 울타리 안으로는 들어

---

* 흰 꽃이 피는 장미과 관목.
** 진달랫과의 상록 식물. 잎에서 향이 나고 톡 쏘는 맛의 빨간 열매가 달려 차나 향료 등으로 쓰인다.

오지 않는다는 사실을 알아냈다. 레드러프는 그 뒤 새로운 장소와 새로운 먹이를 점점 더 많이 찾아냈고 날이 갈수록 더욱 현명해지고 아름다워졌다.

레드러프는 친척도 없는 외톨이였지만, 그 정도는 고생이랄 것도 없었다. 레드러프는 어디를 가든 즐겁게 노래하는 명랑한 박새들을 보고 박새가 무척 크고 대단하다고 여기던 시절을 떠올리곤 했다.

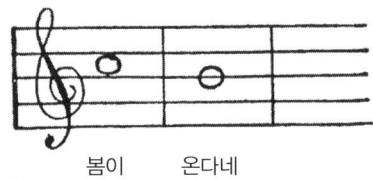
봄이   온다네

박새들은 어처구니없을 만큼 명랑한 새였다. 가을이 채 가기도 전에 그 유명한 박새들의 노래 '곧 봄이 온다네'를 불렀고, 음산한 폭풍이 몰아치는 한겨울에도 줄곧 명랑하게 노래했다. 그러다 굶주림의 달 2월이 저물면서 정말로

자기들이 부른 노래처럼 봄이 찾아올 무렵이면 '거봐, 내가 뭐랬어?' 하고 뻐기듯이 그 즐거운 소식을 더욱 열심히 세상에 알렸다.

이윽고 든든한 후원자도 나타났다. 기운을 되찾은 태양이 캐슬프랭크 언덕 남쪽 비탈에 쌓인 눈을 녹이자, 눈에 가려져 있던 향기로운 윈터그린이 무더기로 모습을 드러낸 것이다. 윈터그린 열매는 굶주린 레드러프의 배를 든든히 채워 주었다. 더 이상 얼어붙은 겨울눈을 힘겹게 뜯어 먹지 않아도 되었으므로, 레드러프의 부리는 원래 모습을 되찾았다.

얼마 안 있어 가장 부지런한 파랑새가 날아와, "봄이 온다네." 하고 지저귀며 날아다녔다. 이처럼 해가 점점 길어지고 만물이 깊은 잠에서 깨어나는 3월 어느 날, 새벽어둠을 뚫고 "까악, 까악!" 하는 요란한 소리와 함께 까마귀의 왕 실버스팟이 무리를 이끌고 남쪽에서 날아와 정식으로 선언했다.

"봄이 왔다."

새로운 한 해를 알리는 이 선언에 만물이 화답하는 것 같

앉고, 그 속의 어떤 힘이 새들을 움직이는 것 같았다. 박새들은 흥분의 도가니에 빠져 언제 먹고 언제 일하는지 모를 정도로 "봄이 왔네, 봄이 왔네, 봄이 왔네!" 하고 온종일 쉬지 않고 노래를 불러 댔다.

레드러프도 그 힘이 온몸을 꿰뚫고 번져 나가는 것을 느꼈다. 신이 난 레드러프는 힘차게 그루터기에 뛰어올라 "둥, 둥, 둥, 두두둥!" 하고 작은 골짜기 가득 메아리가 울려 퍼지도록 몇 번이나 북소리를 내면서 봄이 오는 기쁨을 한껏 표현했다.

골짜기 아래에는 커디 영감의 오두막이 있었다. 고요한 아침 공기를 가르는 북소리에, 커디 영감은 사냥할 만한 목도리들꿩 수컷이 있다고 보고 총을 들고 살금살금 골짜기를 올라갔다. 하지만 레드러프는 소리 없이 그곳을 떠나 단숨에 진흙 개울이 있는 골짜기로 날아가고 없었다.

그곳에서 레드러프는 자기가 처음으로 북소리를 냈던 바

로 그 통나무에 올라가, 둥둥둥 하고 요란한 북소리를 냈다. 숲을 가로지르는 지름길을 지나 방앗간으로 가던 어린 소년이 그 소리를 듣고 소스라치게 놀라 집으로 달려갔다. 소년은 엄마한테 골짜기에서 북소리가 난다며 인디언들이 전쟁을 하려는 것 같다고 말했다.

  행복한 젊은이는 왜 큰 소리로 외치는 걸까? 외로운 젊은이는 왜 한숨을 쉬는 걸까? 레드러프 역시 자신이 왜 날마다 죽은 통나무 위에 올라가 숲에 대고 둥둥둥 소리를 내다가, 점잔을 빼며 걷거나 햇살을 받아 보석처럼 빛나는 화려한 목 깃털을 뽐내다가는 다시 둥둥둥 천둥 같은 소리를 내는지 알 수 없었다. 누군가가 자기 깃털을 보고 감탄해 주

기를 바라는 이 이상한 마음은 대체 뭘까? 그리고 왜 버들개지의 달이 되어서야 이런 마음이 생기는 것일까?

"둥, 둥, 두두두두둥."

"둥, 둥, 두두두두둥."

레드러프는 지칠 줄 모르고 북소리를 냈다.

레드러프는 날이면 날마다 가장 좋아하는 통나무를 찾아갔다. 이제 레드러프의 예리한 두 눈 위에는 아름다운 장밋빛 볏 두 개가 새롭게 돋아났고, 촌스러운 미끄럼 방지용 신발도 깨끗이 떨어져 나갔다. 목 깃털은 더욱 화려해지고 눈빛은 초롱초롱해진 레드러프가 햇살을 받으며 의젓하게 걸어 다니는 모습은 눈부시리만치 아름다웠다. 아! 하지만 레드러프는 너무도 외로웠다.

언제까지 마냥 이렇게 북소리를 내며 간절한 바람만 드러내야 하는 걸까? 그러던 어느 날, 눈부시게 아름다운 5월 초, 연령초*가 레드러프의 통나무 가장자리에 은빛 별처럼 피어나던 날이었다. 레드러프가 간절한 바람을 담아 둥둥

---

* 백합과의 여러해살이풀.

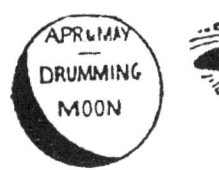 

둥 북소리를 내고 있는데 어떤 소리가 예민한 귀를 파고들었다. 덤불 속에서 바스락거리는 발소리였다.

 레드러프는 조각상처럼 굳어서 꼼짝도 않고 덤불 쪽을 바라보았다. 누군가 레드러프를 지켜보고 있었다. 아, 세상에 설마? 그렇다! 누군가가, 다른 목도리들꿩이 있었다. 조그만 목도리들꿩 아가씨가 부끄러워서 어쩔 줄을 모르며 숨을 곳을 찾아 허둥거렸다.

 레드러프는 한달음에 그 아가씨 곁으로 다가갔다. 레드러프의 가슴은 새로운 감정으로 소용돌이쳤다. 목이 타던 참에 눈앞에 시원한 샘이 나타난 기분이었다. 다음 순간 레드러프는 자랑스러운 옷을 눈부시게 펼쳐 보였다! 암컷이 그런 행동을 좋아한다는 것을 어떻게 알았을까? 레드러프는 깃털을 한껏 부풀린 채 햇살을 온몸에 받으며 우뚝 섰다

가는 다시 의젓하게 걸으며 낮고 부드러운 소리로 꾸꾸 울었다. 그 소리는 인간들이 나누는 '사랑의 속삭임' 못지않게 달콤한 말이었던 것이 분명하다. 목도리들꿩 아가씨가 레드러프에게 완전히 마음을 빼앗긴 듯했으니까.

레드러프는 까맣게 몰랐지만, 사실 그 암컷은 며칠 전부터 레드러프한테 홀딱 빠져 있었다. 그래서 사흘 내내 요란한 북소리에 이끌려 와 먼발치에서 레드러프를 수줍게 바라보았고, 그토록 가까이 있던 자신을 레드러프가 발견해 주지 않아서 자존심이 살짝 상해 있었다.

그러고 보면 그 작은 발소리가 레드러프의 귀에 들어간 것은 행운이라고도 할 수 있었다. 목도리들꿩 아가씨는 사랑스럽고 우아한 모습으로 다소곳이 고개를 숙이고 있었다. 타는 듯한 갈증에 시달리던 방랑자는 이제 사막을 지나 마침내 오아시스를 발견했다.

아, 아름답지 않은 이름의 진흙 개울, 그러나 진실로 아름다운 그 개울의 골짜기에서 보낸 행복한 나날들이여! 해는 더없이 눈부시게 빛났고, 소나무 숲의 공기는 꿈결처럼 부드럽고 상쾌했다. 그리고 그 우아하고 멋진 새는 날마다 자기의 통나무를 찾았다. 어떤 때는 짝과 함께, 어떤 때는 혼자서, 단지 살아 있다는 기쁨에 취해 북소리를 울렸다.

하지만 왜 혼자 올 때도 있었을까? 왜 밤색 깃털을 가진 신부 브라우니와 늘 함께 있지 않았을까? 신부는 왜 몇 시간 동안 레드러프와 어울려 먹고 놀다가 기회를 보아 몰래 빠져나가서는 몇 시간 동안, 심지어 다음 날까지도 나타나지 않다가 레드러프가 빨리 돌아오라며 초조하게 통나무에서 북소리를 울릴 때에야 모습을 드러내는 걸까?

거기에는 레드러프도 잘 모르는 숲의 신비가 숨어 있었다. 레드러프의 신부 브라우니는 왜 레드러프와 함께 있는 시간을 점점 줄이는 것일까? 나중에는 몇 분 남짓 머무르다 사라지더니, 어느 날부터는 아예 나타나지도 않았다. 그리고 다음 날도, 그다음 날도 나타나지 않았다. 레드러프는 미치광이처럼 정신없이 날아다니다가 통나무 위에서 둥둥둥 북소리를 울렸고, 다시 상류에 있는 다른 통나무에 들렀다가 언덕을 스치듯 날아가 또 다른 골짜기에서 북소리를 울려 댔다.

나흘째 되던 날, 레드러프가 브라우니를 맨 처음 만났던 곳에서 예전처럼 큰 소리로 짝을 부르자, 맨 처음 만났던 때처럼 덤불 속에서 작은 소리가 났다. 그러더니 사라졌던 브라우니가 삐삐거리는 새끼 목도리들꿩 열 마리를 데리고 나타났다.

레드러프가 짝의 곁으로 다가가자, 눈망울이 초롱초롱한

새끼들이 숨이 넘어갈 듯이 놀랐다. 레드러프는 브라우니가 자기보다도 새끼들에게 더 신경 쓰는 것을 알고는 조금 실망했다. 하지만 곧 변화를 받아들였고, 그때부터는 자신의 아비와 달리 곁에서 새끼들을 정성껏 돌보았다.

6

목도리들꿩의 세계에는 좋은 아비가 드물다. 어미는 혼자서 둥지를 틀고 알을 까며, 아비한테는 둥지가 있는 곳도 가르쳐 주지 않는다. 그리고 아비가 북소리를 내는 통나무나 먹이터, 또는 목도리들꿩들의 만남의 장소인 모래 목욕터에서만 아비를 만난다.

새끼들이 태어난 뒤로 브라우니는 머릿속이 온통 새끼들 생각으로 가득 차서 새끼들의 아비인 레드러프조차 까맣게 잊고 지냈다. 그러다가 새끼들이 태어난 지 사흘째 되는 날, 새끼들이 웬만큼 튼튼해지자 레드러프가 부르는 소리를 듣고 새끼들을 데리고 나온 것이다.

새끼들에게 아무 관심이 없는 아비도 있지만, 레드러프는 곧바로 브라우니와 함께 새끼들을 보살폈다. 새끼들은 레드러프가 어렸을 때처럼 아장아장 어미를 따라다니며 먹고 마시는 법을 배웠다. 그럴 때 레드러프는 가족들 주변에 있거나 멀찌감치 뒤쪽에서 따라왔다.

　이튿날 목도리들꿩 가족은 띄엄띄엄 줄지어 언덕 아래에 있는 개울로 내려갔다. 그 모습이 마치 양쪽 끝에 굵은 구슬이 달린 구슬 목걸이 같았다. 그런데 소나무 뒤에서 붉은 청설모가 새끼들을 엿보았다. 새끼들의 행렬 맨 뒤에서 막

내가 힘겹게 따라왔다. 레드러프는 몇 미터 뒤에 있는 높은 통나무 위에 앉아 깃털을 다듬고 있었기 때문에 청설모의 눈에 띄지 않았다. 마침 좋은 기회가 생기자 청설모는 새끼 새를 맛보고 싶은 이상한 갈망에 사로잡혔다. 그래서 무시무시한 마음을 먹고 맨 뒤에 처진 새끼 새를 낚아채려고 잽싸게 달려들었다.

　브라우니는 뒤늦게 청설모를 발견했지만, 다행히 레드러프가 청설모를 놓치지 않았다. 레드러프는 붉은 털의 악당을 향해 쏜살같이 날아갔다. 그리고는 주먹으로, 그러니까

막내를 구하는 레드러프.

날개뼈 관절로 청설모를 힘껏 후려쳤다!

 청설모는 첫 공격에 가장 큰 약점인 코끝을 얻어맞고 비틀거렸다. 그러고는 새끼를 낚아채서 도망치려던 덤불숲으로 기어들어 가 벌렁 드러누운 채 헉헉거렸다. 청설모의 사악한 주둥이에서 붉은 핏방울이 뚝뚝 떨어졌다. 목도리들꿩들은 그 자리를 떠났고, 그 뒤로 청설모가 어떻게 되었는지는 알 수 없지만 다시는 레드러프네 가족을 괴롭히지 않았다.

 레드러프네 식구들은 다시 개울로 향했다. 그런데 새끼 한 마리가 모래흙에 깊이 팬 암소 발자국에 빠지고 말았다. 새끼는 자기 힘으로 빠져나올 수 없다는 것을 알자 애처롭게 울어 댔다.

 난감하기 짝이 없었다. 부모 목도리들꿩들도 발만 동동 구르며 암소 발자국 주위에서 서성거릴 뿐이었다. 하지만 다행히 모래흙이 무너져 내리면서 완만한 비탈이 생겼고, 새끼는 그 비탈길을 종종종 뛰어올라 형제들이 모여 있는, 차양처럼 널찍한 어미의 꼬리 밑으로 무사히 돌아왔다.

 브라우니는 몸집은 작지만 날카로운 감각과 재치를 가진 영리한 어미였으며, 잠시도 한눈을 팔지 않고 밤낮없이 사랑하는 새끼들을 돌보았다. 예쁜 새끼들을 이끌고 나무가 우거진 숲을 지날 때면, 브라우니는 자랑스레 꾸꾸 하고 울었다. 어미는 새끼들에게 조금이라도 더 넓은 그늘을 만들어 주려고 밤색 꽁지깃을 부채처럼 쫙 펼쳤다. 또 어떤 적이 나타나도 두려워하지 않고 새끼들한테 가장 안전한 방법을 택해 싸우기도 하고 도망치기도 했다.

새끼들이 나는 법을 배우기도 전, 커디 영감이 나타났다. 이제 겨우 6월인데도 커디 영감은 총을 들고 돌아다녔다. 커디 영감이 세 번째 협곡을 올라오자, 앞장서서 돌아다니던 개 타이크가 브라우니의 새끼들에게 위험할 정도로 가까이 왔다. 레드러프는 얼른 개 앞으로 뛰어가서, 낡은 수법이긴 하지만 결코 실패하는 법이 없는 속임수로 개를 돈 밸리 골짜기 아래로 꾀었다.

그런데 웬일인지 커디 영감은 개를 따라가지 않고 새끼들이 있는 쪽으로 곧장 다가왔다. 브라우니는 새끼들에게 "꾸르르, 꾸르르!(숨어라, 숨어!)" 하고 신호를 보내고는 레드러프가 개를 유인했듯이 자기도 노인을 유인하려고 뛰어나갔다.

깊은 모성애와 풍부한 숲의 지식을 지닌 브라우니는 소리도 없이 다가가, 사냥꾼의 코앞에서 힘차게 날아올랐다가 낙엽 위에 나뒹굴었다. 그러고는 사냥꾼의 눈앞에서 다리를 절룩거렸다. 한순간 커디 영감도 브라우니에게 속을 뻔했다.

하지만 브라우니가 한쪽 날개를 질질 끌면서 발치에서 끙끙거리다가 천천히 기어가자, 커디 영감은 브라우니의 속셈을 눈치챘다. 커디 영감은 그것이 사냥꾼을 따돌리고 새끼들을 보호하려는 어미의 속임수라는 것을 알고 브라우니를 무자비하게 때렸다. 하지만 브라우니는 재빨리 피해 절룩거리며 어린나무 뒤로 도망쳤고, 다시 그곳 낙엽 더미 위에서 고통스러운 듯 뒹굴었다. 커디 영감은 브라우니가 정말로 다리를 저는 줄 알고 다시 막대기로 브라우니를 내리쳤다.

브라우니는 이번에도 용케 막대기를 피했다. 그러고는 연약한 새끼들을 지키려는 용감하고 한결같은 마음으로, 커디 영감 앞에 쓰러져 따뜻한 가슴을 땅바닥에 대고는 살려 달라는 듯 슬피 울었다.

브라우니를 연거푸 놓쳐 화가 난 커디 영감은 총에 곰도 죽일 수 있을 만큼의 총알을 넣고 브라우니를 쏘아 버렸다. 용감하고 헌신적인 브라우니는 갈가리 찢긴 채 피투성이가 되어 파르르 떨더니 숨을 거두고 말았다.

 이 잔인한 총잡이는 근처에 새끼들이 숨어 있을 것이라고 생각하고 주위를 둘러보았다. 하지만 새끼들은 움직이지 않았고 울지도 않았다. 커디 영감은 새끼들을 한 마리도 찾지 못했지만, 새끼들이 숨어 있는 곳을 쿵쾅거리며 돌아다니는 동안 그 증오스러운 발에 비명 한 번 질러 보지 못하고 밟혀 죽은 새끼들이 한둘이 아니었다. 하지만 커디 영감은 그 사실을 알지 못했고 알 바도 아니었다.

 레드러프는 하류 쪽으로 개를 유인해 놓고는 짝이 있는 곳으로 돌아왔다. 하지만 총잡이는 이미 떠났고, 브라우니의 사체도 개에게 던져 주려고 가져가 버린 뒤였다. 레드러프는 주위를 둘러보다가 핏자국과 함께 사방에 흩어진 브라우니의 깃털을 발견하고는 아까 들었던 총소리가 무엇을 뜻하는지 깨달았다.

 레드러프의 두려움과 슬픔을 그 누가 알겠는가? 겉으로는 무표정한 듯 보였지만, 레드러프는 한동안 브라우니의 흔적을 망연히 바라만 보았다. 그러다가 문득 연약한 새끼들을 떠올렸다.

 레드러프는 새끼들이 숨어 있는 곳으로 돌아가서 익숙하게 "끄릿, 끄릿!" 신호를 보냈다. 그 마법의 주문으로 무덤에 있는 새끼들을 다 불러낼 수 있었을까? 물론 그렇지 않았다. 살아남은 새끼는 절반 남짓이었다. 여섯 개의 동글동글한 솜털 뭉치들이 눈을 빛내며 일어나 레드러프에게 뛰어왔지만, 나머지 네 마리는 숨어 있던 자리가 그대로 무덤이 되고 말았다.

레드러프는 한동안 새끼들을 불렀지만 더 이상 새끼들이 나타나지 않자, 살아남은 새끼들을 데리고 그 끔찍한 장소에서 벗어나 멀리 상류로 올라갔다. 썩 내키지는 않았지만 철조망과 가시덤불을 믿음직한 은신처로 삼아 그곳에서 살기로 했다.

레드러프는 새끼들에게 자기가 어미한테 배웠던 지식을 고스란히 가르쳤다. 레드러프는 지식과 경험이 풍부하여 여러모로 유리했다. 주변 산과 먹이가 있는 곳을 속속들이 알고 있었고 목도리들꿩이 흔히 걸리는 병을 치료할 줄도 알았기 때문에, 여름이 다 가도록 새끼를 한 마리도 잃지 않았다.

새끼들은 무럭무럭 자랐다. 그리고 마침내 사냥꾼의 달이 되자, 찬란한 구릿빛 목 깃털을 가진 레드러프를 중심으로 다 자란 목도리들꿩 여섯 마리가 멋진 가족을 이루었다. 레드러프는 브라우니를 잃은 뒤로 여름 내내 북소리를 내지 않았다. 하지만 목도리들꿩의 북소리는 종달새의 노랫소리와 같다. 그것은 사랑의 노래인 동시에 건강함의 표시

였다. 이윽고 털갈이 철이 끝나고 9월이 찾아왔다. 풍부한 먹이와 화창한 날씨 덕분에 화려한 깃털들이 다시 돋아나고 활기가 되살아나자 레드러프의 용기도 되살아났다. 어느 날 마침내 레드러프는 그 통나무 근처에 갔다가 무심코 통나무에 뛰어올라 북소리를 냈다.

그 뒤로 레드러프는 자주 북소리를 냈다. 그러면 새끼들이 주위에 모여들어 구경하기도 하고, 제 아비의 자식임을 입증하듯 근처의 그루터기나 돌멩이 위에 올라가 요란하게 둥둥둥 북소리를 울리기도 했다.

야생 포도와 광기의 달이 다가왔다. 하지만 레드러프의 새끼들은 기운이 넘쳤다. 튼튼하다는 것은 그만큼 현명하다는 뜻이었고, 모두들 미칠 듯한 열정에 사로잡히긴 했지만 일주일도 안 되어 벗어날 수 있었다. 영원히 날아가 버린 것은 세 마리뿐이었다.

레드러프는 남은 세 마리와 함께 골짜기에서 살았다. 어느덧 눈이 내렸다. 눈은 그다지 많이 오지 않았고 날씨도 포근했기 때문에, 레드러프네 식구들은 나지막한 개잎갈나무 가지 밑에 웅크린 채 밤을 보냈다. 하지만 이튿날에도 눈은 그치지 않았고 날씨도 점점 추워졌다. 온종일 눈이 쌓였다. 밤이 되자 눈은 그쳤지만, 추위는 더욱 심해졌다. 레

드러프는 새끼들을 이끌고 어느 자작나무 위로 올라가서 그 아래에 수북이 쌓인 눈 속으로 뛰어들었고, 새끼들도 따라 뛰어들었다. 곧 구멍 속으로 바람에 날린 포슬포슬한 눈이 새어 들어와 새하얀 이불처럼 목도리들꿩들을 덮어 주었다. 목도리들꿩들은 눈 속에 파묻혀 편히 잠들었다. 눈은 온몸을 포근하게 감싸 주었을 뿐 아니라 눈 틈으로 공기가 드나들어 숨도 쉴 수 있었다.

이튿날 아침 목도리들꿩들은 자신들이 밤새 내뿜은 숨결

이 얼어붙어 앞쪽에 단단한 얼음벽이 생긴 것을 알았다. 하지만 레드러프가 아침 인사로 "끄릿, 끄릿, 끼잇.(얘들아, 일어나라, 일어나서 날아야지.)" 하고 소리치자 다른 쪽으로 돌아 눈 속을 빠져나갔다.

레드러프는 이미 눈 속에서 잠을 자 보았지만, 새끼들은 난생처음이었다. 새끼들은 이튿날도 눈 속 잠자리로 신나게 뛰어들었고, 어제처럼 북풍이 눈 이불을 덮어 주었다.

그러나 밤사이 날씨가 변했다. 바람이 동풍으로 바뀌면서 함박눈이 진눈깨비가 되더니 다시 은빛 비가 되었다. 세상은 온통 얼음으로 뒤덮였고, 잠자리에서 깨어난 레드러프 가족은 무자비하게 거대한 얼음장 속에 갇혀 버렸다.

눈 속은 여전히 포슬포슬했기 때문에 레드러프는 위쪽으로 올라가 보았다. 하지만 거기에는 레드러프의 힘으로도 어쩔 수 없는 희고 딱딱한 얼음장이 떡하니 가로막고 있었다. 레드러프가 쿵쿵 두드리고 몸부림쳐도 얼음장에는 흠집 하나 생기지 않았고 날개와 머리에 공연히 멍만 들었다.

지금까지 사는 동안 레드러프는 강렬한 기쁨도 맛보았고 둔중한 고통도 겪었으며 갑작스러운 절망과 곤경에도 자주 빠졌다. 하지만 이렇게까지 암담했던 적은 없었다. 자유를 송두리째 빼앗긴 가운데 시간은 더디게 흘렀고, 레드러프는 몸부림칠 기운마저 사라졌다. 어린 자식들은 몸부림을

치기도 하고 이따금 길게 "삐이잇, 삐이잇!" 구슬픈 소리로 울기도 했다.

　얼음장 속에 갇혀 있으니 수많은 적들은 피할 수 있었지만, 굶주림의 고통은 피할 수가 없었다. 밤이 되자 목도리들꿩들은 굶주림과 헛된 노력에 지쳐 절망에 빠진 채 멍하니 앉아 있었다. 처음에는 꼼짝없이 갇혀 있는 모습을 여우한테 들킬까 봐 겁이 났지만, 이튿째 밤에는 차라리 여우가 얼음장을 부수고 달려들어 싸울 기회라도 주었으면 하고 바라기까지 했다.

　하지만 실제로 여우가 얼음장 위에 나타났을 때는 숨어 있던 삶에 대한 애착이 되살아나 여우가 지나갈 때까지 숨죽인 채 웅크리고 있었다.

　사흘째 낮에는 폭풍이 휘몰아쳤다. 북풍이 보낸 눈의 말들이 은빛 갈기를 휘날리며 발굽으로 눈보라를 차올리고, 휘이잉 울부짖으며 새하얀 대지를 쏜살같이 내달렸다. 딱딱한 싸락눈이 한참 동안 쏟아진 뒤에는 얼음장이 조금씩 닳아서 얇아졌는지 위쪽이 점점 더 밝아졌다.

　레드러프는 낮 동안 머리가 지끈거리고 부리가 뭉툭하게 닳도록 얼음장을 쪼아 댔지만, 해가 지자 탈출의 길은 다시 멀어졌다. 머리 위로 여우가 한 마리도 지나가지 않은 것만 빼면 그날 밤도 여느 밤처럼 지나갔다.

날이 밝자, 레드러프는 기운도 없고 자식들의 울음소리나 몸부림 소리도 들리지 않았지만, 다시 얼음장을 쪼기 시작했다. 햇살이 더 밝아지자 오랫동안 고생한 보람이 있었는지 얼음장에 희미한 점 같은 것이 어렴풋이 보였다. 레드러프는 남은 힘을 쥐어짜 계속 쪼아 댔다.

바깥에서는 폭풍의 말들이 종일 쿵쿵거리며 달렸고, 얼어붙은 눈이 그 말발굽에 치여 조금씩 얇아졌다. 드디어 그날 오후 늦게 레드러프의 부리가 얼음장을 뚫고 탁 트인 바깥으로 나왔다. 이 작은 구멍과 함께 새로운 삶이 찾아온 것이다. 레드러프는 쉴 새 없이 얼음을 쪼았고, 마침내 해가 지기 직전에 머리와 목과 아름다운 목 깃털이 빠져나갈 만한 구멍을 뚫을 수 있었다. 레드러프의 우람한 어깨가 빠져나가기엔 아직 좁았지만, 이제는 위에서 아래로 쫄 수 있어서 쪼는 힘이 네 배는 세졌다. 결국 얼음장은 금방 부서졌고, 잠시 뒤 레드러프는 얼음 감옥에서 풀려나 다시 자유의 몸이 되었다.

그런데 새끼들은 어떻게 되었을까! 레드러프는 가장 가까운 개울가로 날아가 빨간 들장미 열매를 허겁지겁 따 먹어 창자를 긁는 듯한 허기를 달랜 다음, 눈의 감옥으로 되돌아와 꾸꾸거리며 발을 굴렀다. 그러자 "꾸꾸!" 하는 가냘픈 대답 소리가 딱 한 번 들렸다. 레드러프가 날카로운 발톱으로 얇고 거칠거칠한 얼음을 긁어 구멍을 뚫자, 그레이테일이 힘없이 기어 나왔다.

하지만 그것으로 끝이었다. 눈 더미 속 어딘가에 흩어져 있는 다른 새끼들은 아무런 대답도, 살아 있다는 신호도 보내지 않았다. 레드러프는 그냥 떠날 수밖에 없었다. 봄에 눈이 녹자 새끼들의 사체가 드러났다. 살가죽과 뼈와 깃털만 남은 채로.

7

레드러프와 그레이테일이 건강을 완전히 되찾기까지는 많은 시간이 걸렸다. 하지만 잘 먹고 잘 쉬는 것은 확실한 만병통치약이었다. 화창한 한겨울 날씨가 계속되자, 활기찬 레드러프는 늘 그렇듯 통나무 위에서 북소리를 냈다. 그 북소리 때문이었는지, 아니면 온 세상을 뒤덮은 눈 위에 난 발자국 때문이었는지, 커디 영감은 목도리들꿩들이 있는 곳을 알게 되었다. 커디 영감은 목도리들꿩들을 잡으려고 총을 들고 개와 함께 몇 번이나 골짜기로 올라왔다.

목도리들꿩들은 예전부터 커디 영감을 잘 알고 있었고, 커디 영감도 목도리들꿩들을 잘 알았다. 구릿빛 목 깃털이 유난히 돋보이는 커다란 수컷은 온 골짜기에 널리 알려져 있었다.

그래서 사냥꾼의 달 동안 많은 사람들이 레드러프의 아름다운 삶을 끝장내려고 했다. 마치 세계 7대 불가사의 중 하나인 에페수스의 아르테미스 신전을 불살라서 이름을 드높이려 했던 그 옛날의 한심한 인간처럼 말이다.

하지만 레드러프는 숲의 기술에 통달해 있었다. 가령 어디로 숨어야 하는지, 언제 소리 없이 날아올라야 하는지 같은 것 말이다. 또 사냥꾼이 지나갈 때까지 웅크리고 있다가 천둥 같은 날갯짓 소리를 내며 날아올라, 1미터도 떨어지지 않은 곳에 있는 튼튼한 나무 뒤로 숨었다가 재빨리 달아나야 할 때가 언제인지도 알고 있었다.

커디 영감은 총을 들고 끈질기게 레드러프를 쫓아다녔다. 멀리서 총을 마구 쏜 적도 여러 번 있었지만, 그때마다 총알은 나무나 둔덕 같은 장애물을 맞혔고, 레드러프는 여전히 기운차게 북소리를 울리며 살아갔다.

눈의 달이 되자, 레드러프는 그레이테일과 함께 캐슬프랭크 숲으로 옮겨 갔다. 그곳은 아름드리나무가 울창하고 먹을 것도 풍부했다. 특히 동쪽 언덕 비탈의 무성한 솔송나무들 사이에 우뚝 솟은 멋진 소나무 한 그루는 줄기 지름이 2미터에 가까웠고, 다른 나무들의 꼭대기쯤에 첫 가지가 뻗어 있었다.

여름이면 이 소나무의 우듬지는 푸른어치와 그 신부의 피서지가 되었다. 푸른어치는 따스한 봄날이면 총알이 닿지 않는 이 우듬지에서 짝을 앞에 두고 선명한 푸른빛 깃털을 펼치고 춤을 추며 요정의 나라에서 들려오는 듯한 달콤한 노래를 불렀다. 하지만 그 달콤하고 부드러운 노래는 푸른어치의 짝 말고는 아무도 들을 수 없고, 물론 책에도 나와 있지 않다.

레드러프는 유일하게 살아남은 새끼와 함께 캐슬프랭크에 살면서 이 거대한 소나무에 관심을 가졌다. 푸른어치와 달리 레드러프는 까마득히 높은 우듬지보다는 바닥 쪽이 더 마음에 들었다. 소나무 주위에는 온통 키 작은 솔송나무들이 있고, 곳곳에 호자덩굴과 윈터그린이 자랐으며, 눈 아래에는 먹음직스러운 까만 도토리들이 있었다. 이보다 더 좋은 먹이 터는 없었다. 그 탐욕스러운 사냥꾼이 덮친다 해도 솔송나무 틈에 숨어서 거대한 소나무까지 달려갔다가 나무 뒤에서 사냥꾼을 조롱하듯 푸르르 날아오를 수 있고, 굵은 나무줄기를 방패 삼아 무시무시한 총을 피하며 안전하게 달아날 수도 있기 때문이다.

합법적인 사냥 기간 동안 레드러프는 그 소나무 덕분에 열두 번도 넘게 목숨을 건졌다. 하지만 레드러프의 먹이 습관을 훤히 꿰고 있는 커디 영감은 새로운 덫을 놓았다. 커디 영감은 둔덕 아래에 숨어 망을 보았고, 커디 영감과 한 패인 사냥꾼이 목도리들꿩들을 몰아가려고 슈거로프 언덕을 돌아갔다.

동료 사냥꾼은 발소리를 쿵쿵 울리며 레드러프와 그레이테일이 먹이를 먹고 있는 나지막한 관목 숲으로 다가갔다. 레드러프는 아직 사냥꾼이 멀찍이 떨어져 있을 때 "르르르, 르르르!(위험하다, 위험하다!)" 하고 낮게 경고하고는 날아올라야 할 때를 대비해 그 거대한 소나무 쪽으로 재빨리 걸어갔다.

그레이테일은 레드러프와 약간 떨어진 언덕 위쪽에 있다가 별안간 새로운 적이 바로 근처에 있는 것을 보았다. 누런 개가 다가왔다. 더 멀리 있던 레드러프는 덤불에 가려서 개를 보지 못했다. 그레이테일은 소스라치게 놀랐다.

그레이테일은 우선 언덕을 뛰어 내려가며 "끼잇, 끼잇!(날아라, 날아!)" 하고 소리쳤다. 레드러프는 침착하게 "끄릿, 꾸르르!(이쪽에 숨어!)" 하고 대답했다. 사냥꾼이 총을 쏠 수 있는 거리까지 다가온 것을 보았기 때문이다.

레드러프는 거대한 소나무 줄기에 이르러, 나무 뒤에서 잠시 걸음을 멈추고 그레이테일에게 "이쪽이야, 이쪽이야!" 하고 애타게 소리쳤다. 그때 앞쪽 둔덕 아래에서 바스락거리는 소리가 들렸다. 레드러프는 누군가 숨어 있다는 것을 알았다. 다음 순간 개가 달려들고 그레이테일이 공포에 찬 비명을 질렀다. 그레이테일은 하늘로 날아올라 방패막이인 소나무 줄기 뒤쪽으로 날아갔다. 하지만 앞쪽에 서 있던 사냥꾼을 피하려다가 둔덕 아래 숨어 있는 비열한 사냥꾼의 손아귀에 그대로 들어간 꼴이 되고 말았다.

푸르르, 아름답고 고귀하며 감정을 지닌 생명, 그레이테일이 솟구쳤다.

그러고는 '탕!' 소리와 함께 땅으로 곤두박질쳤다. 그레이테일은 엉망이 된 몸으로 피를 흘리며 마지막 숨을 헐떡이다가 눈밭에서 숨을 거두었다.

레드러프가 숨어 있는 곳도 위험해졌다. 이제 안전하게 날아오를 수 있는 기회가 없었으므로, 레드러프는 몸을 낮추고 웅크렸다. 개는 3미터쯤 떨어진 곳에 있었고, 새로 온 사냥꾼은 커디 영감한테 가느라 1.5미터쯤 떨어진 곳을 지나갔지만, 레드러프는 꼼짝도 하지 않았다. 마침내 기회가

오자, 레드러프는 아름드리 소나무 뒤로 살그머니 도망쳤다. 그리고는 무사히 하늘로 날아올라 테일러 언덕 옆에 있는 호젓한 골짜기로 갔다.

무시무시하고 잔인한 총은 레드러프의 가족을 하나씩 쓰러뜨렸고, 레드러프를 또다시 외톨이로 만들었다. 레드러프는 아슬아슬한 탈출 사건을 수없이 겪으며 눈의 달을 힘겹게 넘겼다. 유일하게 살아남은 목도리들꿩이라는 사실이 알려지면서 레드러프는 무자비하게 쫓겨 다녔고, 그러다 보니 날이 갈수록 사나워졌다.

결국 커디 영감은 총으로 레드러프를 잡는 것은 시간 낭비라고 생각했다. 그래서 눈이 가장 많이 쌓이고 먹을 것이 아주 귀해졌을 때 새로운 작전을 세웠다. 폭풍의 달인 지금도 먹이가 남아 있는 거의 유일한 먹이터에다 올가미들을 한 줄로 늘어놓은 것이다.

레드러프의 오랜 친구인 솜꼬리토끼가 날카로운 이빨로 올가미를 서너 개 끊어 놓았지만, 아직도 몇 개가 남아 있

었다. 레드러프는 멀리 보이는 검은 점이 매일지도 모른다 싶어서 유심히 지켜보다가 그만 올가미를 밟고 말았다. 그 순간 레드러프는 공중으로 휙 당겨 올라가 한쪽 발로 대롱대롱 매달렸다.

야생 동물한테는 도덕적인 권리도, 법적인 권리도 없단 말인가? 말을 못 한다고 해서 인간이 자기와 같은 동물에게 그토록 오랫동안 끔찍한 고통을 주어도 괜찮단 말인가? 가엾은 레드러프는 점점 옥죄어 오는 고통 속에서 온종일 허공에 매달린 채 우람하고 튼튼한 날개를 퍼덕이며 올가미에서 벗어나려고 몸부림쳤다.

낮이 지나고 밤이 새도록 고통은 커져만 갔고, 마침내 레드러프는 죽기만을 바랐다. 하지만 아무도 오지 않았다. 또 다시 해가 뜨고 해가 졌지만, 레드러프는 여전히 올가미에

부엉이.

매달린 채 서서히 죽어 갔다. 레드러프의 강한 생명력은 차라리 저주였다.

이틀째 밤이 서서히 찾아오고 어둠의 시간이 느릿느릿 흘러갈 때, 죽어 가는 레드러프의 가냘픈 날갯짓 소리를 듣고 찾아온 커다란 부엉이가 그 고통을 끝내 주었다. 고맙기 짝이 없는 일이었다.

북풍이 골짜기로 거세게 휘몰아쳤다. 눈의 말들은 울퉁불퉁한 얼음과 돈강 가의 평지와 늪지대를 지나 호수를 향해 내달렸다. 하얀 눈보라 속에 군데군데 짙은 색이 떠돌아다녔다. 목도리들꿩의 목 깃털 조각, 그 유명한 무지갯빛 깃털이었다.

그날 밤, 레드러프의 목 깃털은 지난날 광기의 달에 밤 여행을 떠나던 때처럼 바람을 타고 남쪽 저 먼 어두운 호수로 날아가, 호수 위를 떠돌다가 물속으로 가라앉았다. 돈밸리 골짜기에 살던 목도리들꿩 가족의 마지막 흔적은 그렇게 사라져 갔다.

이제 캐슬프랭크에서는 목도리들꿩의 소리를 들을 수 없다. 그리고 레드러프가 북소리를 울리던 진흙 개울 골짜기의 오래된 통나무는 아무도 찾는 이 없이 쓸쓸히 썩어 갔다.

옮긴이의 말

🎺 시튼의 삶과 문학

　동물 문학의 아버지, 어니스트 톰프슨 시튼은 1860년 영국의 더럼주 사우스실즈에서 태어났습니다. 아버지의 사업 실패로 형편이 어려워지자, 시튼 가족은 1866년 캐나다로 이주해 온타리오주 린지 근처의 시골에서 살게 되었습니다. 시튼 가족은 울창한 침엽수림에 둘러싸인 통나무집에서 개척자 생활을 시작했고, 영국에 있을 때부터 남달리 동물을 좋아했던 어린 시튼은 캐나다의 광대한 야생에서 자연에 대한 사랑을 더욱 키워 갔습니다.

　시튼은 열 살 무렵 온타리오주의 주도이자 캐나다 제1의 도시인 토론토로 이사했지만 대도시로 온 뒤에도 늘 자연을 그리워했습니다. 어떻게든 동물을 보기 위해 시내의 박제 가게를 드나들고, 주말마다 교외로 나가 자연을 탐험하고, 그렇게 찾아낸 자기만의 비밀 장소에 동경하는 아메리카 원주민들의 방식을 흉내 내어 혼자 힘으로 오두막집을 짓기도 했습니다. 늘 자연 속에서 지내며 자연을 더 깊이 알고 싶었던 시튼은 박물학자가 되는 것이 꿈이었습니다. 하지만 아버지는 그림에 재능이 있다면서 화가가 되라고 했고 시튼은 아버지의 뜻에 따라 온타리오 미술 대학에 들어갔습니다. 졸업 후에는 영국으로 건너가 영국 왕립 미술 아카데미에서 미술 공부를 계속했습니다.

시튼은 1881년에 캐나다로 돌아와 매니토바주 카베리 근방의 농장에 사는 형과 함께 지냈습니다. 자연의 품에서 보낸 그 시절은 시튼의 일생에서 가장 행복하고 값진 시간이었다고 합니다. 시튼은 짐승과 새들을 관찰해 상세히 기록하고, 뛰어난 그림 솜씨로 수많은 동물 그림을 그렸습니다. 이때 시튼이 직접 자연 속에서 경험한 여러 동물들과의 만남은 훗날 《내가 알던 야생 동물들》(1898)을 쓰는 밑거름이 되었습니다.

시튼의 대표작인 이 책은 세상에 나오자마자 '사실적 동물 문학'이라는 새로운 문학의 장을 열었다는 찬사를 받았습니다. 그 전까지 문학 작품에서 묘사된 동물들은 이솝 우화나 그림 동화 같은 옛이야기의 전통에서 크게 벗어나지 않았습니다. 즉 겉모습만 동물일 뿐 사람처럼 행동하고 사람처럼 말하는, 그야말로 '동물의 탈을 쓴 사람'이나 다름없었지요. 하지만 시튼은 늑대의 방식대로 살아가는 늑대, 토끼의 방식대로 살아가는 토끼를 그렸습니다. 시튼의 동물 이야기에는 오랫동안 동물을 관찰하고 연구해 온 사람만이 표현할 수 있는 놀라운 현장감이 가득합니다. 시튼도 《내가 알던 야생 동물들》의 머리말에서 자신이 쓴 이야기들이 모두 사실에 바탕을 두었다는 점을 분명히 밝힙니다.

이 이야기들은 모두 사실이다. 비록 많은 대목에서 약간의 가공을 하긴 했지만, 이 책에 나오는 주인공들은 모두 실제로 존재했던 동물이다. 그들은 내가 묘사한 대로 살았으며, 그들이 보여 준 영웅적인 행동과 개성을 다 표현하기에는 내 글재주가 턱없이 모자랐다.

시튼은 또 모든 이야기가 주인공의 죽음으로 끝나는 것도 실제 동물의 삶을 근거로 했기 때문이라고 덧붙입니다. "이 책의 동물 이야기들이 모두 비극인 것은 실화이기 때문이다. 야생 동물은 언제나 비극적인 최후를 맞는 법이다."라고요. 책을 읽는 독자로서는 주인공이 '그 후로 오래오래 행복하게' 살았으면 좋겠지만, 위험의 연속인 야생의 삶을 생각해 보면 시튼의 말에 고개를 끄덕이게 됩니다. 한 번의 실수가 곧장 죽음으로 이어질 수 있는 야생에서 옛날이야기 같은 행복한 결말은 쉽게 찾아볼 수 없는 일이겠지요.

하지만 시튼의 이야기 속 동물들은 저마다 처한 환경에서 자신만의 능력과 경험을 활용해 매 순간 온 힘을 다해 살아갑니다. 그리고 그러한 과정에서 때로는 사람보다 더 위대한 모습을 보여 줍니다. 시튼은 자신이 만난 동물들을 "영웅"이라고 불렀습니다. 1905년에 출간한 《동물 영웅들》의 머리말에서 시튼은 이렇게 썼습니다.

영웅이란 남다른 재능과 업적의 소유자를 말한다. 이 정의는 인간과 동물 모두에게 해당한다. 영웅의 이야기는 사람들의 가슴과 상상력을 움직이는 힘이 있다.

위대한 인물의 이야기는 종종 이야기를 읽는 사람의 마음을 움직여 생각과 행동을 변화시키곤 합니다. 시튼은 그러한 이야기의 힘을 잘 알고 있었고, 그것은 이야기의 주인공이 동물일 때도 마찬가지라고 생각했습니다.

나는 박물학에서 너무나 흔히 쓰이는 막연하고 일반적인 접근법으로는 놓치는 것이 많다고 생각한다. '인간'의 습성과 관습을 10페이지로 요약해 놓은 글에서 무슨 만족을 얻겠는가? 차라리 한 위대한 인간의 삶을 그리는 데 그 힘을 쏟는 게 낫지 않을까. 나는 바로 이 원칙을 나의 동물들에게 적용하려고 했다. 나의 주제는 무심하고 적대적인 인간의 눈에 비친 한 종의 일반적인 생태가 아니라, 각 동물의 진정한 개성과 삶의 관점이다. _《내가 알던 야생 동물들》머리말에서

사실적인 동물의 모습을 담고 있어도, 시튼의 이야기는 백과사전이나 동물도감이 아니라 어디까지나 '이야기'입니다. 주인공이 있고, 사건이 펼쳐지고, 독자가 주인공과 함께 울고 웃을 수 있는 이야기 말입니다. 우리가 어떠한 대상을 알고자 할 때, 그 대상을 주인공으로 한 이야기를 읽는 것은 가장 손쉽고 효과적이면서도 그 대상을 깊이 이해할 수 있는 방법 가운데 하나입니다. 시튼은 동물을 주인공으로 한 이야기를 통해 우리에게 야생 동물의 삶을 구석구석 들여다보게 합니다. 그러면서 동물들을 향한 "무심하고 적대적인" 눈을 거두고 인간을 보듯이 동물을 보라고 말합니다.

이런 동물 이야기 모음집은, 지난 세기였다면 교훈이라고 불렸을 진부한 생각을 자연스럽게 내비치는 법이다. 나의 책을 읽는 사람들은 저마다 자기 입맛에 맞는 교훈을 찾아낼 것이다. 하지만 내가 독자들에게 바라는 것은 성서만큼이나 오래된 교훈, 즉 우리 인간과 동물은 친척이라는 점이다. 인간이 가지고 있는 것이라면 동물도 조금은 가지고 있으며, 동물이 가지고 있는 것은 인간들도 어느 정도 가지고 있다.

그렇다면 동물은 정도만 다를 뿐 우리처럼 욕구와 감정을 가진 생물이기에, 동물 역시 권리를 가져야 마땅하다. 백인들의 세계에는 이제야 알려지기 시작했지만, 불교에서는 이미 2천 년 전에 역설한 사실이다. _《내가 알던 야생 동물들》머리말에서

시튼은 자연과의 조화를 중시하는 동양의 불교나 아메리카 원주민 문화에서 자연에 대한 태도를 배워야 한다고 생각했습니다. 특히 동물을 인간의 형제처럼 여기고 자연과 어우러져 살아가는 아메리카 원주민들이야말로 가장 이상적인 인간이라고 보았지요. 그래서 '우드크래프트 연맹'(설립 당시 이름은 '우드크래프트 인디언스')이라는 단체를 만들어 청소년들과 함께 숲속에서 야영을 하면서 원주민들의 생활 방식과 숲에서 살아가는 여러 기술을 가르쳤습니다. 나아가 1910년에는 베이든파월 경을 비롯한 여러 동료들과 함께 '미국 보이 스카우트'를 창설해 자라나는 청소년들에게 자연과 함께하는 삶을 알리는 데 힘썼습니다.

1930년에 시튼은 뉴멕시코주 샌타페이로 이사 가서 '시튼 마을'을 세웠습니다. 시튼 마을은 자연을 사랑하고 박물학과 북미 원주민 문화를 연구하는 사람들이 모여드는 중심지가 되었습니다. 시튼은 그 뒤로도 많은 책을 쓰고 강연을 하면서 자연에 대한 사랑과 원주민 문화의 중요성을 역설했습니다. 죽는 날까지 자연을 사랑하고 그 사랑을 적극적으로 실천했던 시튼은 1946년 샌타페이의 시튼 마을에서 그토록 사랑하던 자연의 품으로 돌아갔습니다.

수록 작품 해설

첫 번째 이야기 〈충직한 양치기 개 울리〉는 개와 인간의 관계에 대해서 곰곰이 생각해 보게 하는 작품입니다. 주인공 울리는 어렸을 때부터 양을 돌보는 훈련을 받은, 재능 많고 똑똑한 양치기 개입니다. 게다가 충성심도 뛰어나 주인인 로빈 영감의 명령을 하늘처럼 여기며 오직 로빈 영감 한 사람만을 따르지요. 하지만 소심하고 어리석은 로빈 영감은 낯선 고장에서 난처한 상황에 빠지자 울리를 나 몰라라 내버려 두고 혼자 떠나 버립니다.

충직한 울리는 주인을 마지막으로 본 나루터를 맴돌며 2년 동안이나 주인을 기다립니다. 하지만 집도 없고 먹을 것도 변변치 않은 생활을 하는 동안 몸과 마음이 메말라 버립니다. 우여곡절 끝에 울리는 새로운 주인을 만나 다시 양치기 개로 살게 되지만, 전 주인에게 버림받고 험난한 떠돌이 생활을 하던 기억은 돌이킬 수 없는 상처로 남습니다. 결국 울리는 마음의 문을 닫고 새 주인집 식구들 말고는 그 누구의 접근도 허락하지 않는 사납고 음침한 개가 되어 버립니다.

과연 울리는 불행한 과거를 잊고 새 출발을 할 수 있을까요? 안타깝게도 울리의 이야기는 비극으로 끝납니다. 울리가 낮에는 충실한 양치기 개였다가 밤에는 가축 학살자로 돌변하는 이중생활을 해 왔다는 사실이 발각되기 때문이지요. 울리의 마음속에서는 도대체 어떤 일이 일어났기에 그런 끔찍한 짓을 저지르게 된 것일까요? 상처 입고 황폐해진 마음이 갈 곳을 잃고 그릇된 분노를 토해 낸 것일까요? 아니면 로빈 영감이 개와 인간 사이의 신뢰를 무책임하게 저버렸듯이, 자신도 양치기 개로서의 신뢰를 보란 듯이 저버림으로써 복수를 한 것일까요?

우리가 울리의 속마음을 다 알 수는 없을 것입니다. 다만 울리는 원래 충직한 개였으므로, 주인에게 버림받지 않았다면 울리가 무시무시한 학살자로 변할 일은 없었으리라고 짐작할 수 있습니다. 개는 인간과 함께 살아갈 수밖에 없는 동물이므로, 결국 개에게 어떤 환경과 경험을 줄지 결정하는 것은 인간이니까요. 시튼도 이야기 첫머리에서 울리가 속한 앨러종 개를 설명하며 이 개가 "학대를 받거나 오랫동안 불행을 겪으면 그 야성이 무시무시한 배신으로 치달아 죽음을 부를 수도" 있다고 경고합니다.

울리 이야기는 실재했던 개 두 마리의 이야기를 합성한 것이라고 합니다. 시튼은 이 이야기가 실린 작품집 《내가 알던 야생 동물들》에서 울리의 모델에 대해 이렇게 밝혔습니다.

"울리는 두 마리의 개를 합쳐 놓은 개라고 할 수 있다. 둘 다 콜리종의 피가 흐르는 잡종이며, 양치기 개로 자라났다. 이 이야기의 앞부분은 사실 그대로이며, 이 개는 그 뒤로 잔인한 배반자가 되어 양을 죽였다는 것만 알려져 있다. 뒷부분은 첫 번째 개와 비슷한 앨러종 개의 이야기로, 이 개는 오랫동안 낮에는 충실한 양치기 개로 지내다가 밤에는 피에 굶주린 괴물로 돌변하는 이중생활을 계속했다. 그런 일은 의외로 종종 있으며, 내가 이 이야기를 쓴 뒤에도 또 한 마리의 양치기 개가 밤에 양을 죽이는 것도 모자라 이웃의 작은 개들까지 죽이는 끔찍한 짓을 저질렀다는 이야기를 들었다. 그 개는 다른 개를 스무 마리나 죽여서 모래밭에 파묻어 두었다가 주인한테 들켰다고 한다. 그 개 역시 울리와 똑같은 최후를 맞았다."

시튼의 동물 이야기는 야생 동물이 주인공이니만큼 자연이나 시골 농장을 배경으로 한 것이 대부분인데, 〈빈민가의 길고양이〉는 독특하게 도시가 배경입니다. 주인공이 도시에서 살아가는 길고양이이기 때문이지요. 부두와 고물상이 있는 허름한 도시 한구석에서 태어난 길고양이 키티는 새끼 때 어미와 헤어져 혼자 힘으로 살아갑니다. 굶주림은 물론이고 개와 덩치 큰 수고양이와 거친 사내아이들에게 매일같이 시달리면서도, 키티는 쓰레기통을 뒤져 먹이를 구하고 뚜껑이 헐거운 배달 우유통을 찾아내는 기쁨을 느끼며 무사히 어른 고양이로 자라납니다. 온갖 위험을 이겨 내고 살아남은 키티는 이제 험난한 길거리 생활에 완전히 적응한 훌륭한 길고양이입니다.

그런 키티의 삶이 한순간에 바뀌어 버립니다. 키티의 멋진 털무늬를 눈여겨본 사람들이 키티를 사로잡아 혈통서 있는 귀한 고양이로 둔갑시킨 것이지요. 고양이 전시회에서 주목받은 키티는 어느 부잣집으로 팔려 가 호화로운 생활을 하게 됩니다. 먹을 것과 마실 것이 넘쳐 나고 자기를 괴롭히는 개나 사내아이들도 없지만, 키티는 이 낯선 곳에 도무지 적응하지 못합니다. 결국 키티는 스스로 부잣집을 떠나 자신이 태어나고 자란 빈민가로 돌아갑니다. 남들 눈에는 비린내 나는 부둣가 동네일지라도, 그곳에서 갖가지 기쁨과 슬픔을 겪으며 살아온 키티에게는 무엇과도 바꿀 수 없는 삶의 터전이었던 것이지요.

그렇게 우여곡절 끝에 고향으로 돌아왔는데, 고향 동네가 몽땅 폐허로 바뀐 것을 본 키티의 심정은 어땠을까요? 사람들이 새 다리를 짓고 높은 건물을 세우기 위해 동네를 허물어 버린 바람에, 키티를 비롯한 길고양이들은 아무 사정도 모른 채 갑자기 살던 곳을 잃게 되지요. 이 대목은 지금도 우리나라 곳곳에서 길고양이들이 겪는 수난을 떠올리게 합니다. 오래된 동네를 허물고 재개발을 하면 그곳에 살던 수많은 길고양이들은 한순간에 보금

자리를 잃고 위험에 노출된다고 합니다. 다행히 키티는 젊고 튼튼한 데다 도와주는 사람을 만난 덕분에 위기를 극복하지만, 이야기 속에서나 현실에서나 키티와 같은 행운을 누리지 못하는 고양이들이 훨씬 많다는 사실을 생각하면 안타깝습니다.

키티는 사람들 때문에 귀족 고양이가 되었다가, 부잣집에 팔려 갔다가, 고향을 잃었다가, 다시 살아갈 방도를 찾는 등 엄청난 변화를 겪습니다. 〈충직한 양치기 개 울리〉에서도 보았듯이, 집에서 기르는 개나 고양이뿐 아니라 떠돌이 개나 고양이들도 인간 곁에서 살아가기 때문에 인간의 행동과 결정에 따라 삶이 좌지우지되는 경우가 많습니다. 이 두 편의 개와 고양이 이야기는 우리와 가장 가까운 곳에서 살아가는 동물들에게 우리가 미치는 영향력을 되돌아보게 합니다.

사실 야생 동물이라고 해서 인간의 영향력 밖에 있는 것은 결코 아닙니다. 《시튼 동물기》에 수록된 모든 이야기에는 어김없이 인간이 등장해 주인공 동물들에게 크고 작은 영향을 미칩니다. 때로는 인간과 동물이 생존을 위해 서로 싸우기도 하고, 때로는 인간과 동물이 평화롭게 지내기도 하지만, 때로는 인간이 하찮은 이기심으로 동물에게 잔인한 고통을 주기도 합니다. 〈목도리들꿩 레드러프의 비극〉은 인간의 잘못된 태도가 동물에게 끼치는 해악을 잘 보여 줍니다.

주인공 레드러프는 캐나다 토론토 근처의 산속에 사는 목도리들꿩입니다. 목도리들꿩은 북아메리카 지역에 사는 꿩과의 새로, 목둘레의 풍성한 장식깃과 부채처럼 펼쳐지는 꽁지깃이 특징입니다. 또 수컷은 번식기에 통나무나 돌 위에 올라가 날개를 쳐서 북소리 같은 소리를 내는 것으로도 잘 알려져 있지요. 그 밖에 어릴 때는 벌레를 주로 먹다가 커서는 나뭇잎이나 열매를 먹는다든지, 겨울에는 눈 속에 굴을 파서 추위를 피한다든지 하는 목도리들꿩의 습성이 이야기 속에 잘 묘사되어 있습니다.

목도리들꿩은 천적이나 질병의 위협을 많이 받기 때문에 수명이 길지 않다고 합니다. 이야기 속에서도 6월에 태어난 레드러프네 형제 열두 마리 가운데 10월까지 살아남은 새끼는 고작 세 마리뿐입니다. 4분의 3이 반년도 못 버티고 죽은 것이지요. 하지만 레드러프는 튼튼한 몸을 타고난 데다 어미의 가르침을 잘 따른 덕분에 누구보다 오래 살아남습니다. 게다가 몸집도 크고 "누구든 그 보랏빛, 초록빛, 금빛이 무지개처럼 빛나는 붉은 구릿빛 목 깃털을 보면 탄성이 절로 나올" 만큼 외모도 아름답습니다.

이 멋진 수컷 목도리들꿩은 암컷 목도리들꿩들뿐만 아니라 사람들 사이에서도 꽤 유명했던 것 같습니다. 시튼은 이 이야기가 실린 《내가 알던 야생 동물들》의 머리말에서 "레드러프는 실제로 토론토 북쪽의 돈밸리 골짜기에서 살았고, 내 친구들 중에는 그 새를 기억하는 사람도 많을 것이다."라고 썼습니다. 하지만 이어서 시튼은 이렇게 썼습니다.

"레드러프는 1889년 슈거로프와 캐슬프랭크 사이에서 누군가에게 죽임을 당했다. 내가 말하고 싶은 것은 사람이 레드러프를 죽였다는 사실이지, 누가 죽였느냐가 아니기 때문에 그의 이름을 밝히지는 않겠다."

인간은 때때로 레드러프처럼 희박한 생존 확률을 뚫고 당당히 살아남은 야생 동물의 귀한 삶을 아무런 죄책감도 없이 한순간에 끝내 버리곤 합니다. 이야기 속에서 커디 영감은 레드러프의 가족을 무자비하게 죽인 것도 모자라 마지막 남은 레드러프마저 잡기 위해 올가미를 놓습니다. 결국 레드러프는 올가미에 걸려 오랫동안 고통받다가 부엉이의 먹이가 되고 말지요. 시튼은 비참한 최후를 맞은 레드러프를 대신해 이렇게 항변합니다.

"야생 동물한테는 도덕적인 권리도, 법적인 권리도 없단 말인가? 말을 못 한다고 해서 인간이 자기와 같은 동물에게 그토록 오랫동안 끔찍한 고통을 주어도 괜찮단 말인가?"

시튼은 수많은 동물 이야기를 통해 동물이 우리와 다르지 않다는 것을, 동물도 이야기의 주인공이 될 수 있고 영웅이 될 수 있다는 것을 보여 주었습니다. 레드러프의 이야기는 우리가 이 "아름답고 고귀하며 감정을 지닌 생명"들에게 어떤 태도를 지녀야 할지 다시 한번 일깨워 줍니다.

햇살과나무꾼

시튼의 생애

| 1860 | 8월 14일, 영국 더럼주 사우스실즈에서 태어났다. 시튼의 아버지는 스코틀랜드 하일랜드 지방 명문가의 후계자였다. |

1866 아버지가 파산하며 온 가족이 캐나다 온타리오주로 이주했다.

1870 캐나다 토론토에서 초등 교육을 받았다. 미술에 두각을 나타냈고 가족들도 예술가가 되기를 원했지만 시튼은 자연에서 더 많은 시간을 보냈다.

열네 살 때의 시튼
© Courtesy Philment Museum and Seton Memorial Library

1879 토론토 예술 협회에서 주는 황금 메달을 받았다. 미술을 공부하기 위해 영국 런던으로 갔다가 건강이 나빠져 2년 후 다시 캐나다로 돌아왔다.

1881 형들이 사는 캐나다 매니토바주의 대초원을 누비며 자연과 동물에 관한 폭넓은 지식을 쌓았다. 이때의 경험은 훗날 시튼의 작품에 등장하는 경이로운 자연과 야생 동물 이야기 속에 녹아들었다.
이즈음 아메리카 원주민과 교류하기 시작했다. 시튼은 훗날 인디언 보호구와 멸종 동물들을 위한 동물 보호 공원의 설립을 강력하게 주장하는 사회 운동가로 활동했다.

1883 미국 뉴욕으로 가 미술학도 연맹에서 공부하며 여러 자연사학자들을 만났다. 1년 후에 프랑스 파리로 가서 미술을 공부했다.

| 1885 | 《센추리 백과사전》에 실릴 동물 그림을 1천 점 정도 그렸다.
프랭크 챔프슨의 《조류 안내서》의 삽화를 그렸다. |

시튼은 탁월한
그림 솜씨로
야생 동물 그림을 그려
생계를 유지하기도 했다.

| 1886 | 《매니토바의 포유류 목록》을 출간했다.
6년 뒤에 매니토바주 정부의 자연학자로 임명되었고,
죽을 때까지 직책을 수행했다. |

| 1890 | 파리의 쥘리앵 아카데미에서 미술을 공부했다. |

| 1891 | 작품 〈잠자는 늑대〉를 프랑스 파리 살롱의 특별관에 전시했다. |

| 1893 | 미국 뉴멕시코 지역으로 사냥을 나갔다. |

| 1894 | 〈커럼포의 늑대 왕 로보〉를 발표했다. 뉴멕시코 지역에서의
사냥 경험이 녹아든 작품이다. |

| 1896 | 미국 뉴욕 출신인
그레이스 갤러틴과 결혼했다. |

그레이스 갤러틴. 작가이자 여성 참정을 주장하는
사회 운동가였다. 《새내기 여성》, 《사냥꾼의 아내》 등을 썼고
코네티컷 여성 참정권 협회 회장을 지냈다.

| 1898 | 야생 동물 이야기를 쓴 첫 번째 책 《내가 알던 야생 동물들》을
발표했다. 시튼은 이 작품으로 세계적인 명성을 얻었다. |

| 1899 | 《샌드힐의 수사슴》을 출간했다. |

| 1900 | 《고독한 회색곰 왑의 일생》을 출간했다. |

1901	•	《위대한 산양 크래그: 쫓기는 동물들의 생애》를 출간했다.
1902	•	아이들에게 자연과 접할 기회를 주려고 노력하며 보이 스카우트의 전신인 '우드크래프트 연맹'을 만들었다.
1904	•	딸 '앤 시튼'이 태어났다.
1905	•	《동물 영웅들》을 출간했다.
1906	•	보이 스카우트 운동에 본격적으로 참여했다.

미국의 삽화가이자 청소년 지도자인 대니얼 비어드(오른쪽), 영국 군인이자 작가인 로버트 베이든파월(가운데)과 함께 찍은 사진. 세 사람은 보이 스카우트 협회에서 함께 활동했다.

1909	•	《은여우 이야기》를 출간했다.
1910	•	미국 보이 스카우트 설립 위원회의 위원장으로 활동하며 보이 스카우트의 첫 매뉴얼을 만들었다.

1910년 미국 미네소타주 실버베이에서 보이 스카우트 캠프에 참가한 시튼.

1913	•	《옐로스톤 공원의 동물 친구들: 우리 곁의 야생 동물들》을 출간했다.
1916	•	《구두 신은 야생 멧돼지: 야생 동물들이 살아가는 방법》을 출간했다.

1917	아메리카 원주민인 수(sioux)족에게서 '검은 늑대'라는 이름을 얻었다.
1926	미국 보이 스카우트 협회에서 처음으로 제정한 상인 '은빛 물소상'을 받았다.
1927	수족, 푸에블로족 원주민과 생활하며 아메리카 원주민의 문화와 전통을 연구했다.
1928	1918~1925년 동안 집필한 《사냥감들의 삶》으로 미국 국립 과학 연구소가 국제적으로 시상하는 '존 버로스 메달'을 받았다. 총 4권인 이 책은 동물학 분야의 탁월한 연구가 담긴 역작으로, 시튼은 약 1,500점의 삽화를 직접 그렸다.
1930	미국 뉴멕시코주 샌타페이로 이주했고 '시튼 연구소'를 설립했다. 연구소는 레크리에이션 협회 지도자의 훈련 캠프이자 북아메리카 원주민의 생활 양식을 탐구하는 곳이었다.
1934	그레이스 갤러틴과 이혼하고 줄리아 모스 버트리와 재혼했다.
1937	《표범을 사랑한 군인: 역사에 남을 위대한 야생 동물들》을 출간했다.
1940	자서전인 《야생의 순례자 시튼》을 출간했다. 시튼은 86년의 생애 동안 40권이 넘는 책과 수많은 글을 발표했다.
1945	《산타나, 프랑스의 영웅견》을 출간했다. 이 작품은 시튼이 생전에 출간한 마지막 책이 되었다.
1946	미국 뉴멕시코의 자택에서 생을 마쳤다.

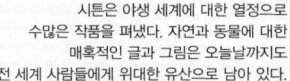

시튼은 야생 세계에 대한 열정으로
수많은 작품을 펴냈다. 자연과 동물에 대한
매혹적인 글과 그림은 오늘날까지도
전 세계 사람들에게 위대한 유산으로 남아 있다.